THE EASY POP/ROCK FAKE BOOK

Melody, Lyrics and Simplified Chords

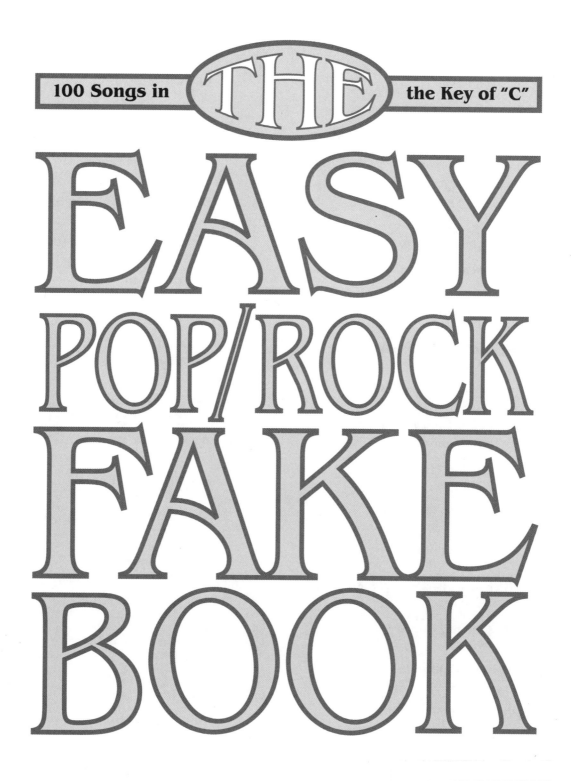

100 Songs in **THE** the Key of "C"

EASY POP/ROCK FAKE BOOK

ISBN 978-1-4950-1041-5

D1452295

CORPORATION

7777 W. BLUEMOUND RD. P.O. BOX 13819 MILWAUKEE, WI 53213

Visit Hal Leonard Online at
www.halleonard.com

THE EASY POP/ROCK FAKE BOOK

CONTENTS

INTRODUCTION

What Is a Fake Book?

A fake book has one-line music notation consisting of melody, lyrics and chord symbols. This lead sheet format is a "musical shorthand" which is an invaluable resource for all musicians—hobbyists to professionals.

Here's how *The Easy Pop/Rock Fake Book* differs from most standard fake books:

- All songs are in the key of C.

- Only three basic chord types are used—major, minor and seventh.

- The music notation is larger for ease of reading.

In the event that you haven't used chord symbols to create accompaniment, or your experience is limited, a chord speller chart is included at the back of the book to help you get started.

Have fun!

BAD DAY

Words and Music by
DANIEL POWTER

Moderate groove

Where is the mo - ment we need - ed the most? __

You kick up the leaves __ and the mag - ic is lost. __

They tell me your blue __ skies fade __ to gray. __ They tell me your pas - sion's gone __ a - way __

__ and I don't need __ no car - ryin' on. __

You stand in the line __ just to hit a new low. __

You're fak - in' the smile __ with the cof - fee to go. __

They tell me your life's __ been way __ off line. __ You've fall - en to piec - es ev - 'ry time, __

ALL RIGHT NOW

Words and Music by ANDY FRASER
and PAUL RODGERS

Moderately, with a strong beat

There she stood in the street _____
home to my place, _____

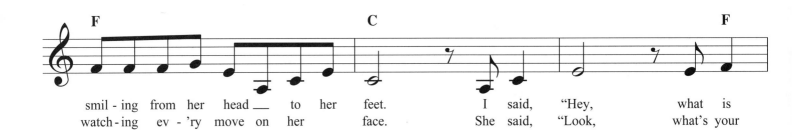

smil-ing from her head _____ to her feet.   I said, "Hey, what is
watch-ing ev-'ry move on her face.   She said, "Look, what's your

this?" _____ Now, ba-by, may-be may-be she's in need _____ of a
game, _____ ba-by?   Are you tryin' to put me in

kiss.   I said, "Hey, what's your name, ba-by?
shame?"   I said, "Slow, don't go so fast.

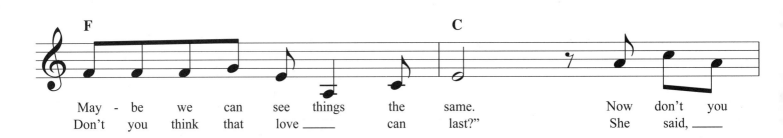

May-be we can see things the same.   Now don't you
Don't you think that love _____ can last?"   She said, _____

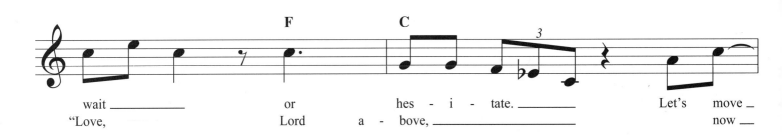

wait _____ or hes-i-tate. _____   Let's move
"Love, Lord a-bove, _____ now _____

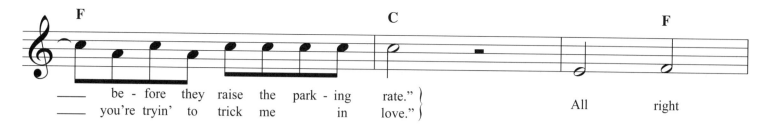

be - fore they raise the park - ing rate."
you're tryin' to trick me in love."

All right

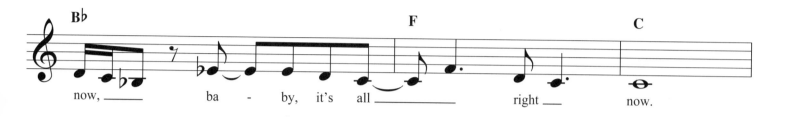

now, _____ ba - by, it's all _____ right _____ now.

All right now, _____ ba - by, it's all _____ right _____

now. I took her now.

All right now, _____ ba - by, it's all _____

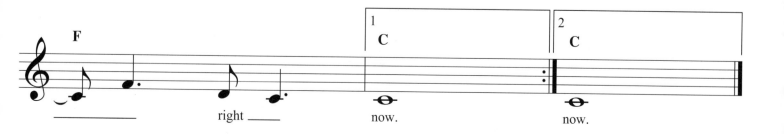

_____ right _____ now. now.

ANOTHER DAY IN PARADISE

Words and Music by
PHIL COLLINS

Steadily

Am   **G**   **Dm**   **Am**

She calls out __ to the man __ on the street, __   "Sir, __ can you help __
He walks on, __   does - n't look back, __   he pre - tends __ he can't hear __
She calls out __ to the man __ on the street, __   he can see __ she's been cry -
You can tell __ from the lines __ on her face, __   you can see __ that she's been __

G   **Am**   **G**   **Dm**

__ me?"   "It's cold __ and I've no - where to sleep. __
__ her.   Starts to whis - tle as he cross - es the street, __
- ing.   She's got blis - ters on the soles of her feet. __
__ there.   Prob - a - bly been moved on from ev - er - y place, __

Am   **1**   **G**   **2–4**   **G**

Is there some - where __ you can tell ___ me?"   __ there.)
seems em - bar - rassed to be __   - ing. }
She can't walk, __ but she's try -
'cause she did - n't fit in __   __ there.)

Am   **G**   **F**

Oh,   think twice,   'cause it's an - oth - er day for you and me in

G   **Am**   **G**

par - a - dise. __   Oh,   think twice,   'cause it's an -

F   **G**   **Am**   **G**   **F**   **Am**

oth - er day for you, __   you and me in par - a - dise. __   *(Instrumental)*

Think a - bout __ __ it. *(Instrumental)*

Oh, Lord, ___ is there noth-ing more an-y-bod-y can do? ___ Oh, _____ Lord, __ ___ there must be some-thing you __ can say. ___

CODA

It's just an-oth-er day ____ for

you and me ____ in par-a-dise. ___ *(Instrumental)*

BAD, BAD LEROY BROWN

Words and Music by
JIM CROCE

Moderate Boogie Rock

Well, the South - side of Chi - ca - go is the
Le - roy he a gam - bler and he
Fri - day 'bout a week a - go,

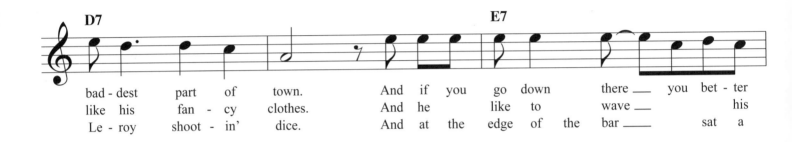

bad - dest part of town. And if you go down there ___ you bet - ter
like his fan - cy clothes. And he like to wave ___ his
Le - roy shoot - in' dice. And at the edge of the bar ___ sat a

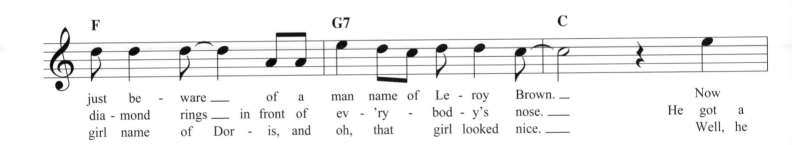

just be - ware ___ of a man name of Le - roy Brown. ___ Now
dia - mond rings ___ in front of ev - 'ry - bod - y's nose. ___ He got a
girl name of Dor - is, and oh, that girl looked nice. ___ Well, he

Le - roy more than trou - ble, you see, he stand ___ 'bout six - foot - four. ___
cus - tom Con - ti - nen - tal, he got a El - do - ra - do, too. ___
cast his eyes up - on her, and the trou - ble soon be - gan, ___

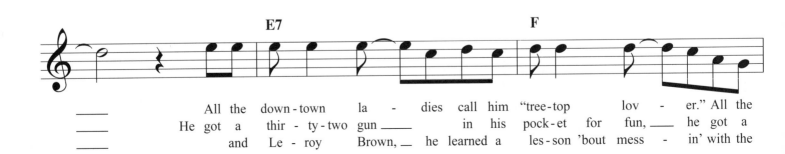

___ All the down - town la - dies call him "tree - top lov - er." All the
___ He got a thir - ty - two gun ___ in his pock - et for fun, ___ he got a
___ and Le - roy Brown, ___ he learned a les - son 'bout mess - in' with the

BAD CASE OF LOVING YOU

Words and Music by
JOHN MOON MARTIN

Moderate Rock

Hot sum-mer night. _____ | Fell like a net; | I got-ta
_____ | don't make no pret-ty heart. _ | I learned
_____ | twen-ty-one to zip; | a smile of

find _____ my ba-by yet. _____ | I need
that, _____ bud-dy, from the start. | You think I'm
Ju - das on your lip. _____ | Shake my

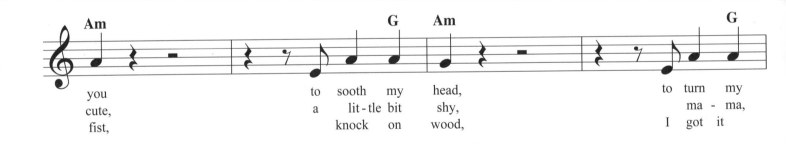

you | to sooth my head, | to turn my
cute, | a lit-tle bit shy, | ma-ma,
fist, | knock on wood, | I got it

blue _____ heart to red. _____
I ain't _____ that kind of guy. _____
bad and I got it good. _____

N.C.

Doc-tor, doc-tor, give me the news. _ I got a bad case of lov-in' you. _____

No pill's gon-na cure my ill. ____ I got a bad case of lov - in' you. _

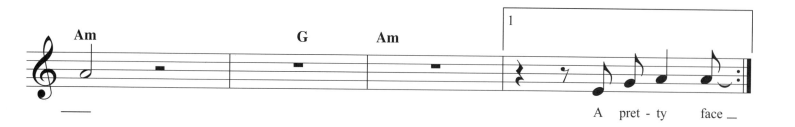

____ A pret - ty face _

I know you like ____ it, you like it on

top. Tell me, ma - ma, are you gon - na stop. _

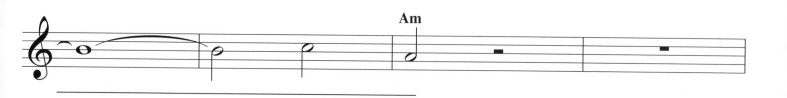

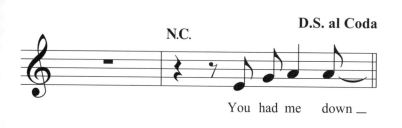

You had me down _

____

BILLIE JEAN

Words and Music by
MICHAEL JACKSON

Moderately bright

She was more like a beau - ty queen from a mov - ie scene.
For for - ty days and for for - ty nights, law was on her side.

I said don't mind, but what do _____ you mean I _____ am the one _____
But who can stand when she's in _____ de - mand, her _____ schemes and plans, _____

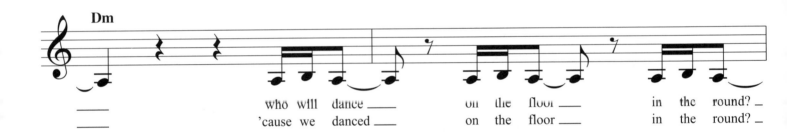

who will dance _____ on the floor _____ in the round? _____
'cause we danced _____ on the floor _____ in the round? _____

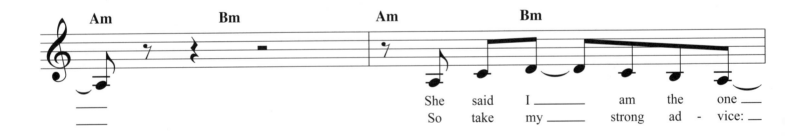

She said I _____ am the one _____
So take my _____ strong ad - vice: _____

who will dance _____ on the floor _____ in the round. _____
just re - mem - ber to al - ways think

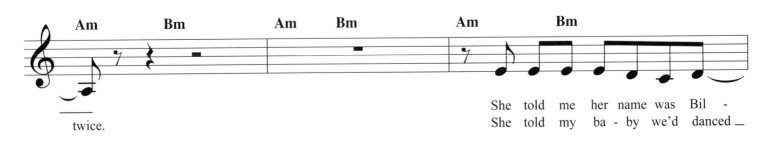

twice.

She told me her name was Bil -
She told my ba - by we'd danced _____

lie be - comes ___ the truth. Hey. _____
called me to ___ her room. Hey. _____

Bil - lie Jean ___ is

not my lov - er. She's just a girl ___ who

claims that I ___ am the one, ___ but the

kid ___ is not my son. _____

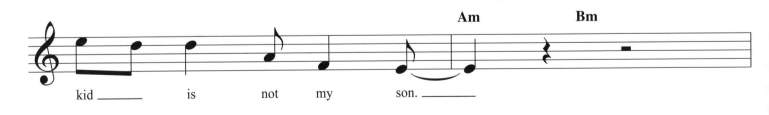

She says I ___ am the one, ___ but the

kid ___ is not my son. _____

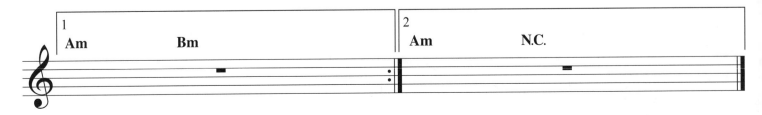

CARRY ON WAYWARD SON

Words and Music by
KERRY LIVGREN

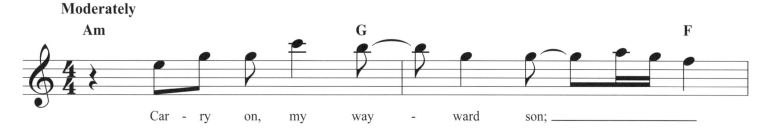

Car - ry on, my way - ward son; _____

there'll be peace when you ___ are done. __ Lay your wea - ry head __

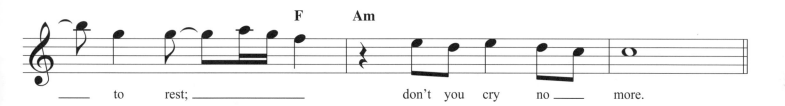

__ to rest; _____ don't you cry no ___ more.

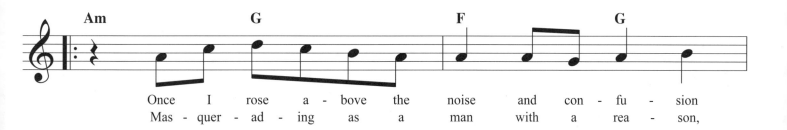

Once I rose a - bove the noise and con - fu - sion
Mas - quer - ad - ing as a man with a rea - son,

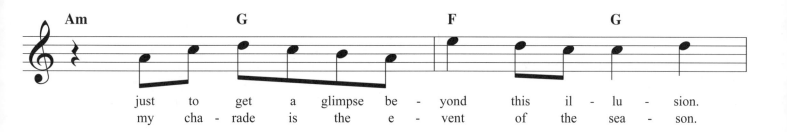

just to get a glimpse be - yond this il - lu - sion.
my cha - rade is the e - vent of the sea - son.

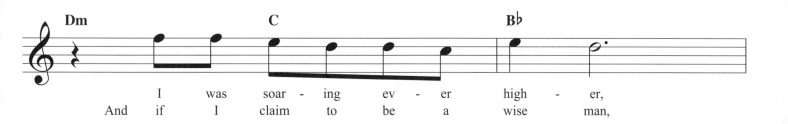

I was soar - ing ev - er high - er,
And if I claim to be a wise man,

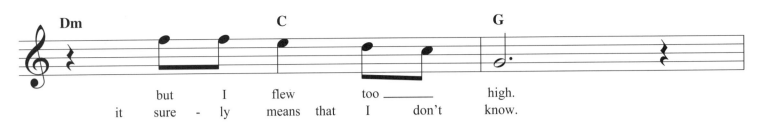

but I flew too ____ high.
it sure - ly means that I don't know.

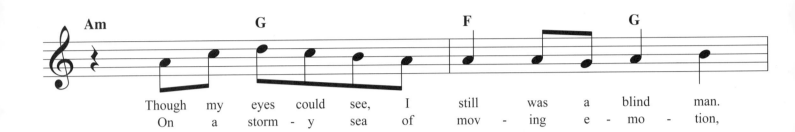

Though my eyes could see, I still was a blind man.
On a storm - y sea of mov - ing e - mo - tion,

Though my mind could think, I still was a mad - man.
tossed a - bout, I'm like a ship on the o - cean.

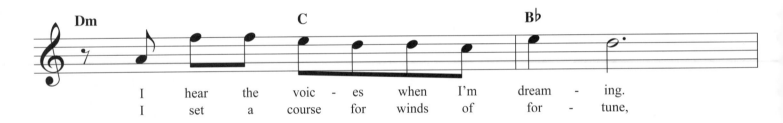

I hear the voic - es when I'm dream - ing.
I set a course for winds of for - tune,

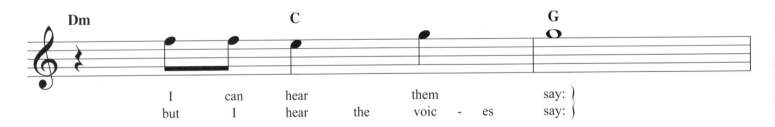

I can hear them say:
but I hear the voic - es say:

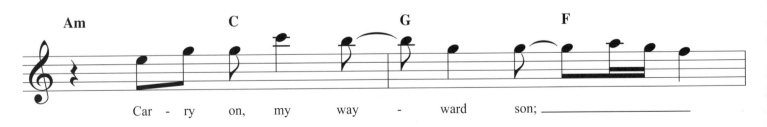

Car - ry on, my way - ward son; _____

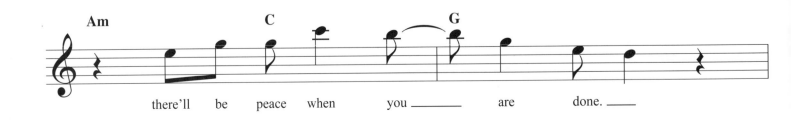

there'll be peace when you ____ are done. ____

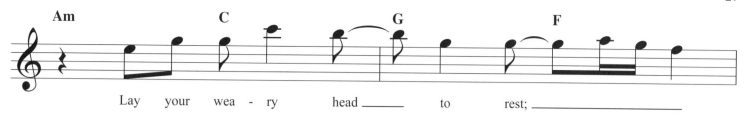

Lay your wea - ry head _____ to rest; _____

don't you cry no _____ more. *(Instrumental)*

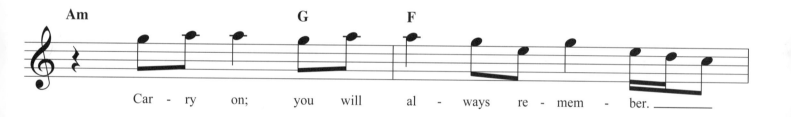

Car - ry on; you will al - ways re - mem - ber. _____

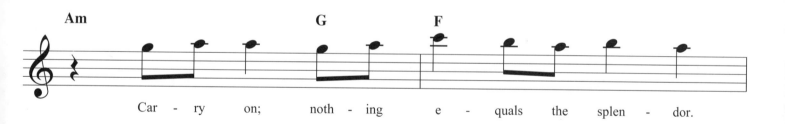

Car - ry on; noth - ing e - quals the splen - dor.

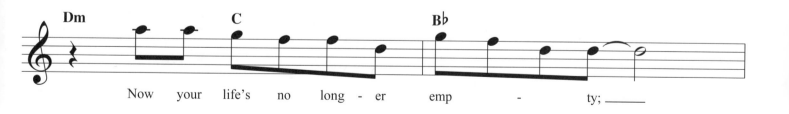

Now your life's no long - er emp - ty; _____

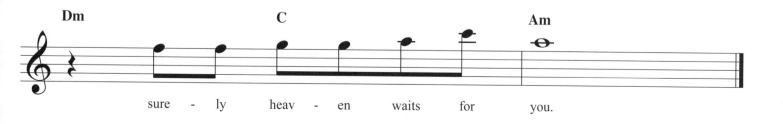

sure - ly heav - en waits for you.

BLACK HOLE SUN

Words and Music by
CHRIS CORNELL

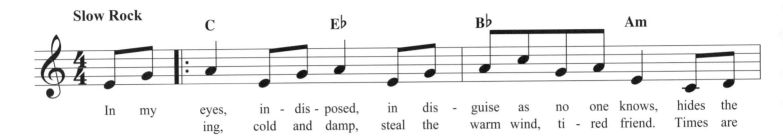

In my eyes, in-dis-posed, in dis - guise as no one knows, hides the
ing, cold and damp, steal the warm wind, ti - red friend. Times are

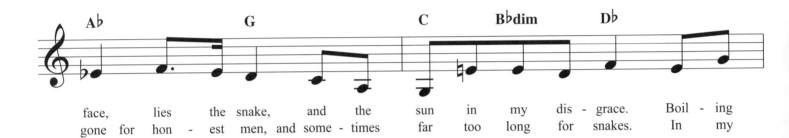

face, lies the snake, and the sun in my dis - grace. Boil - ing
gone for hon - est men, and some - times far too long for snakes. In my

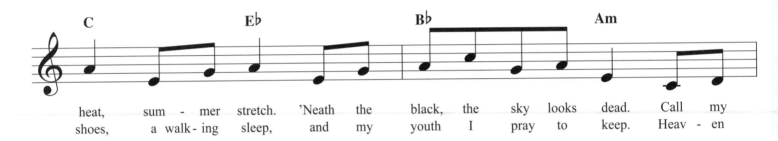

heat, sum - mer stretch. 'Neath the black, the sky looks dead. Call my
shoes, a walk - ing sleep, and my youth I pray to keep. Heav - en

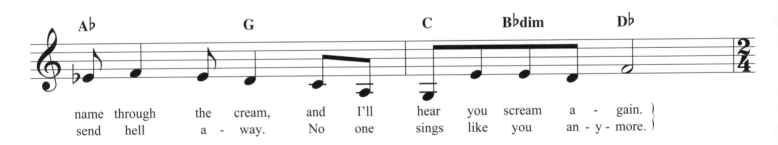

name through the cream, and I'll hear you scream a - gain.
send hell a - way. No one sings like you an - y - more.

Black hole sun, won't you come and wash a - way the rain? Black hole

sun, won't you come? Won't you come? Won't you come? Stut - ter

BOULEVARD OF BROKEN DREAMS

Words by BILLIE JOE
Music by GREEN DAY

CALIFORNIA DREAMIN'

Words and Music by JOHN PHILLIPS
and MICHELLE PHILLIPS

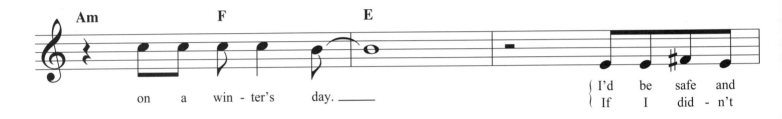

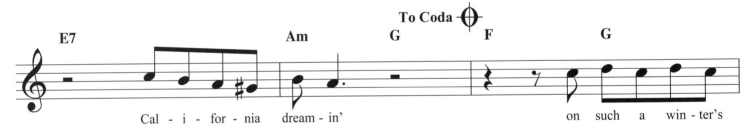

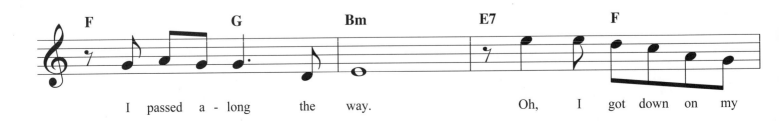

knees, and I pre-tend to pray.

You know the preach-er likes the cold, he knows I'm gon-na

stay. Cal - i - for - nia dream - in'

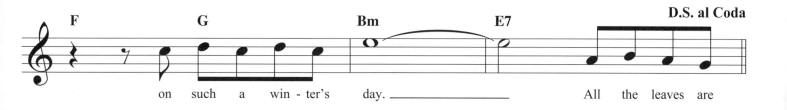

on such a win-ter's day. All the leaves are

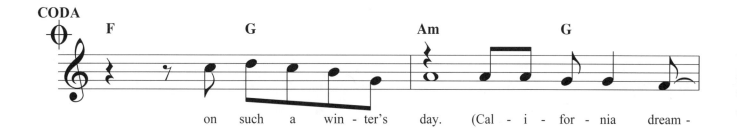

on such a win-ter's day. (Cal - i - for - nia dream -

- in') on such a win-ter's day. (Cal - i - for - nia dream - in') on such a win-ter's

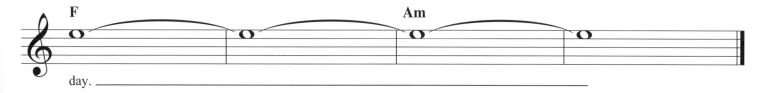

day.

CHANGE THE WORLD

Words and Music by WAYNE KIRKPATRICK,
GORDON KENNEDY and TOMMY SIMS

CLOSING TIME

Words and Music by
DAN WILSON

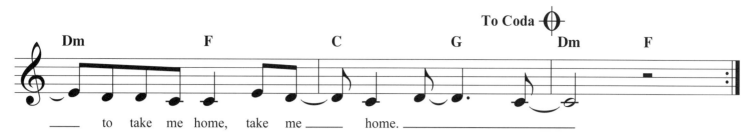

_____ to take me home, take me _____ home. _____

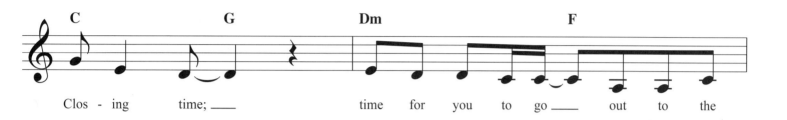

Clos - ing time; _____ time for you to go _____ out to the

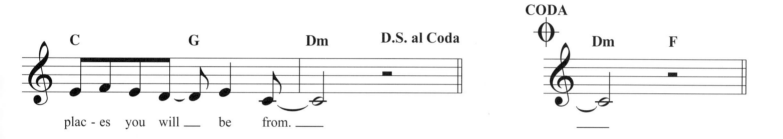

plac - es you will _ be from. _____

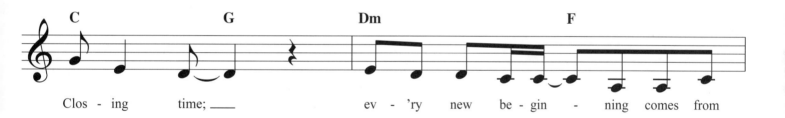

Clos - ing time; _____ ev - 'ry new be - gin - ning comes from

some oth - er be - gin - ning's end. _____

Additional Lyrics

2. Closing time; time for you to go out
   To the places you will be from.
   Closing time; this room won't be open
   Till your brothers or your sisters come.
   So, gather up your jackets;
   Move it to the exits.
   I hope you have found a friend.
   Closing time; ev'ry new beginning
   Comes from some other beginning's end, yeah.
   Chorus

COME TO MY WINDOW

Words and Music by
MELISSA ETHERIDGE

Moderately slow

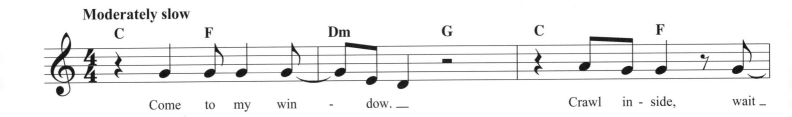

Come to my win - dow. ___ Crawl in - side, wait ___

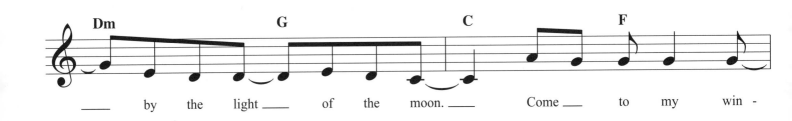

___ by the light ___ of the moon. ___ Come ___ to my win -

Faster

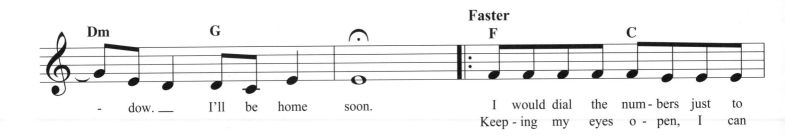

- dow. ___ I'll be home soon.

I would dial the num - bers just to
Keep - ing my eyes o - pen, I can

lis - ten to your breath. And I would stand in - side my hell and
not af - ford to sleep. Giv - ing a - way prom - is - es I

hold the hand of death. You don't know how far I'd go to
know that I can't keep. Noth - ing fills the black - ness that has

use this ___ pre - cious ache. ___ And you don't know how much I'd give or
seeped in - to my chest. ___ I need you in my blood, I am for -

DANCING QUEEN

Words and Music by BENNY ANDERSSON,
BJÖRN ULVAEUS and STIG ANDERSON

Strong Rock

You can dance. You can jive,

hav-ing the time of your life. Ooh,

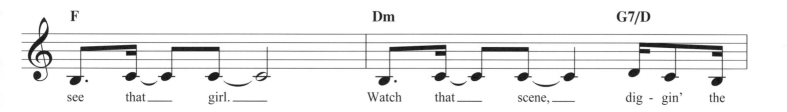

see that girl. Watch that scene, dig-gin' the

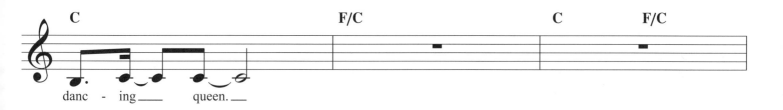

danc-ing queen.

Fri-day night and the lights are low.

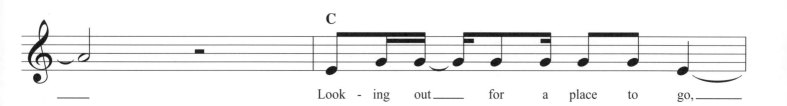

Look-ing out for a place to go,

oh, where they play the right mu-sic.

feel the ___ beat ___ from the tam - bou - rine, ___ oh

yeah. ___ You can dance. ___ You can jive, ___

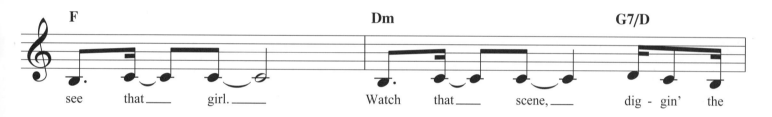

hav - ing ___ the time of ___ your life. ___ Ooh, ___

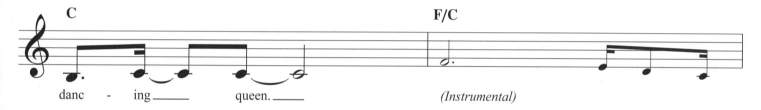

see that ___ girl. ___ Watch that ___ scene, ___ dig - gin' the

danc - ing ___ queen. ___ *(Instrumental)*

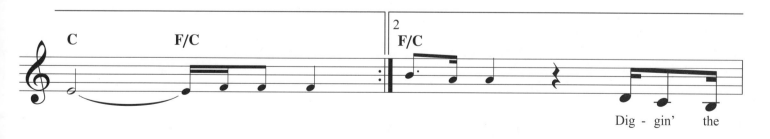

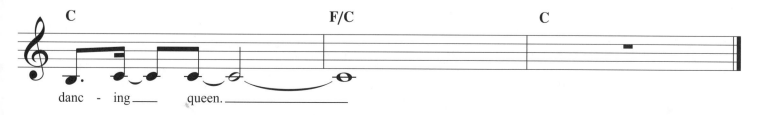

Dig - gin' the

danc - ing ___ queen. ___

CRACKLIN' ROSIE

Words and Music by
NEIL DIAMOND

CRAZY LITTLE THING CALLED LOVE

Words and Music by
FREDDIE MERCURY

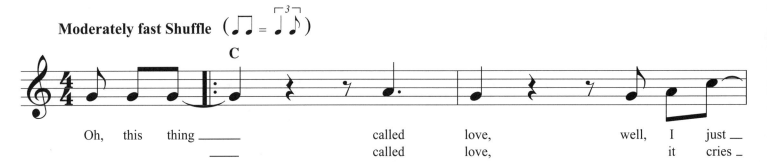

Oh, this thing _____ called love, well, I just _____
_____ called love, it cries _____

_____ can't han - dle it. _____ This thing _____ called
in a cra - dle all night. It swings, _____ it

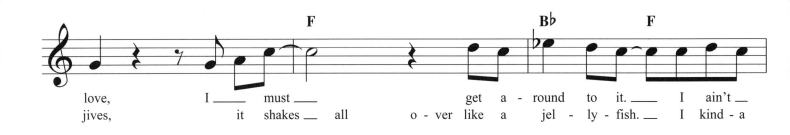

love, I _____ must _____ get a - round to it. _____ I ain't _____
jives, it shakes _____ all o - ver like a jel - ly - fish. _____ I kind - a

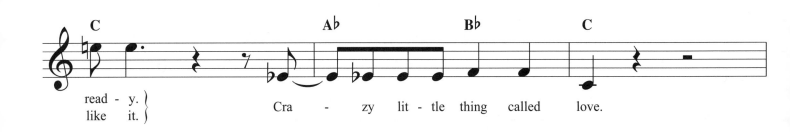

read - y. }
like it. }
Cra - zy lit - tle thing called love.

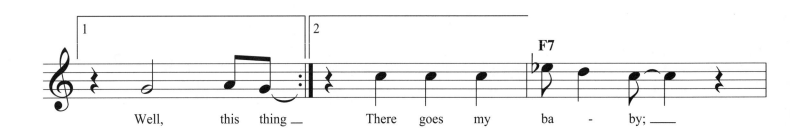

1.
Well, this thing _____

2.
There goes my ba - by; _____

she knows ___ how to rock and roll. ___ She drives ___ me

cra - zy. ___ She gives me hot and cold fe - ver. She

leaves me in a cool, cool sweat. *(Instrumental)*

I got - ta be cool, ___ re - lax, __

___ a - get hip, ___ a - get on my tracks. Take a

back seat, hitch - hike ___ and take a long ride ___ on a

42

mo - tor bike __ un - til I'm read - y. Cra - zy lit - tle thing called

love. I got - ta be cool, __ re - lax, __

__ a - get hip, __ a - get on my tracks. Take a

back seat, __ hitch - hike __ to take a lit - tle long ride __ on my

mo - tor bike __ un - til I'm read - y. Cra - zy lit - tle thing called

love. This thing __ called

love, I _____ just _____ can't _ han - dle it. _____ This

thing called love, I _____ must _____ get a -

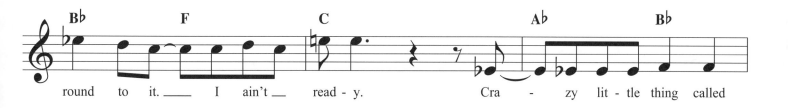

round to it. _____ I ain't _ read - y. Cra - zy lit - tle thing called

love, cra - zy lit - tle thing called love, cra -

- zy lit - tle thing called love, cra - zy lit - tle thing called

love, hey, cra - zy lit - tle thing called love.

DANI CALIFORNIA

Words and Music by ANTHONY KIEDIS,
FLEA, JOHN FRUSCIANTE and CHAD SMITH

Moderate Rock groove

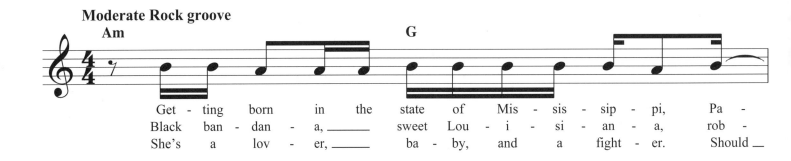

Get - ting born in the state of Mis - sis - sip - pi, Pa -
Black ban - dan - a, _____ sweet Lou - i - si - an - a, rob -
She's a lov - er, _____ ba - by, and a fight - er. Should _____

- pa was a cop - per and her ma - ma was a hip - pie.
- bing on a bank _____ in the state of In - di - an - a.
_____ have seen it com - ing when it got a lit - tle bright - er.

In Al - a - bam - a, she _____ would swing a ham - mer,
She's a run - ner, reb - el and a stun - ner,
With a name like Da - ni Cal - i - for - nia, the

price you got - ta pay when you break the pan - o - ram - a.
on her mer - ry way, say - ing, "Ba - by, what you gon - na?"
day was gon - na come when _____ I was gon - na mourn you.

She nev - er knew that there was an - y - thing more _____ than poor,
Look - ing down the bar - rel of a hot met - al for - ty - five,
A lit - tle load - ed, she was steal - ing an - oth - er breath.

Bm   **G**   **F#m**   **Bm**

Too true to say good-bye ___ to you,   too true to

G

say, say, say...   Push the fad-er, gift-ed an-i-mat-or, one ___

Dm   **Am**   **G**

___ for the now ___ and e-lev-en for the lat-er.   Nev-er made it up ___ to Min-ne-so-ta,

Dm   **Am**   **G**

North Da-ko-ta man ___ was a gun-ning for the quo-ta.   Down in the Bad-lands, she was

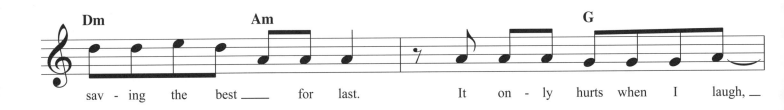

Dm   **Am**   **G**

sav-ing the best ___ for last.   It on-ly hurts when I laugh, ___

Dm   **E7**

___   gone ___ too fast. ___

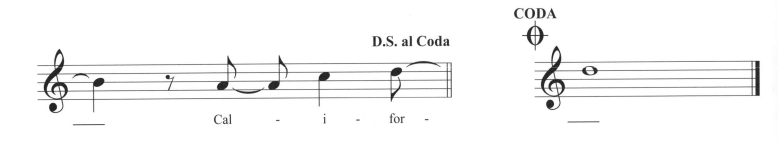

D.S. al Coda   **CODA**

___ Cal - i - for -   ___

(I Just)
DIED IN YOUR ARMS

Words and Music by
NICHOLAS EEDE

Moderate Rock

1. I keep look-ing for some - thing I can't ___ get.
2. (See additional lyrics)

Bro-ken hearts lie all a - round ___ me, and I ___ don't see ___ an eas -

- y way ___ to get out of this. Her

dia - ry, it sits ___ on the bed - side ta - ble. The

cur - tains are closed, ___ the cat's in the cra - dle. Who ___

___ would -'ve thought ___ that a boy ___ like me ___ could

Chorus

come to this. Oh, _____ I, I just died _

in your arms _ to - night. __ It must -'ve been some-thing you said;

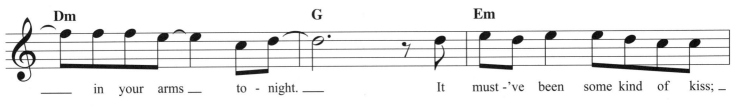

_ I just died _____ in your arms _____ to - night.

Oh, _____ 'cause I, I just died _

in your arms _ to - night. __ It must -'ve been some kind of kiss; _

To Coda

_ I should - 've walked _ a - way, _____

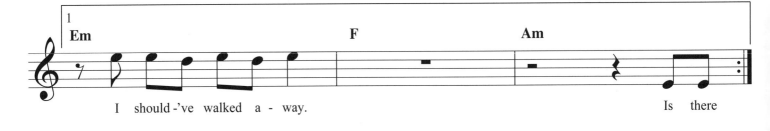

I should -'ve walked a - way. Is there

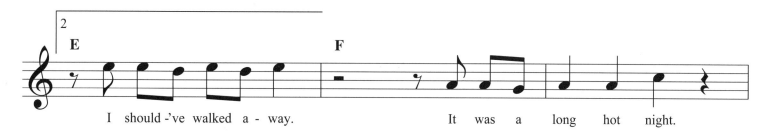

I should-'ve walked a-way. It was a long hot night.

She made it eas-y, she made it feel right. ___

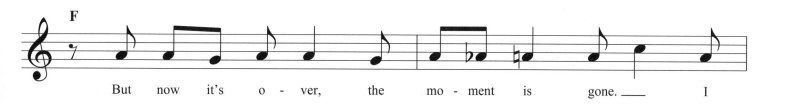

But now it's o-ver, the mo-ment is gone. ___ I

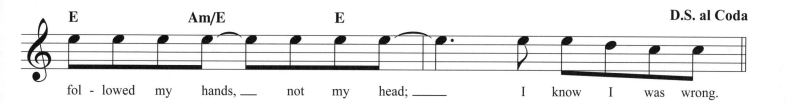

D.S. al Coda

fol-lowed my hands, ___ not my head; ___ I know I was wrong.

CODA

I should-'ve walked a-way. ___

Additional Lyrics

2. Is there any just cause for being like this?
   On the surface I'm a name on a list.
   I try to be discreet, but then blow it again.
   I've lost and found, it's my final mistake,
   She's loving by proxy, no give and all take,
   'Cause I've been thrilled to fantasy one too many times.
   Chorus

DAYDREAM BELIEVER

Words and Music by
JOHN STEWART

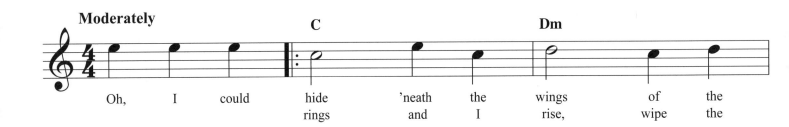

Moderately

Oh,   I   could   hide   'neath   the   wings   of   the
rings   and   I   rise,   wipe   the

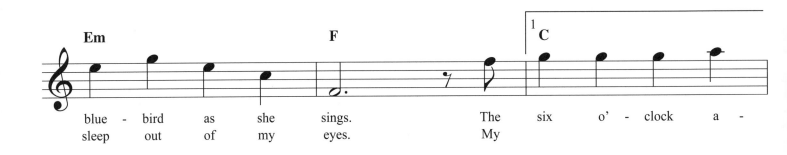

blue - bird   as   she   sings.   The   six   o' - clock   a -
sleep   out   of   my   eyes.   My

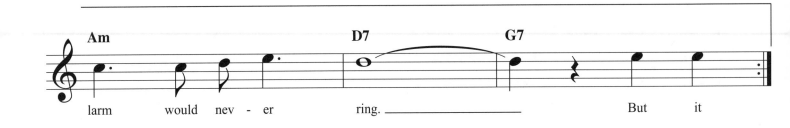

larm   would   nev - er   ring. _____   But   it

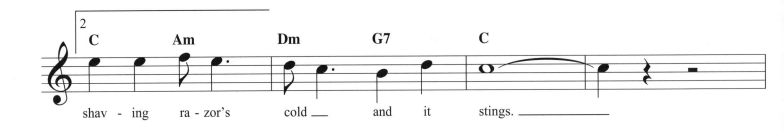

shav - ing   ra - zor's   cold ___   and   it   stings. _____

Cheer   up   sleep - y   Jean. _____   Oh,   what   can   it

mean to a day - dream be - liev - er and a

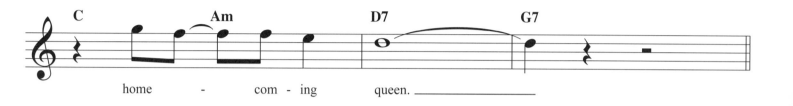

home - com - ing queen. _____

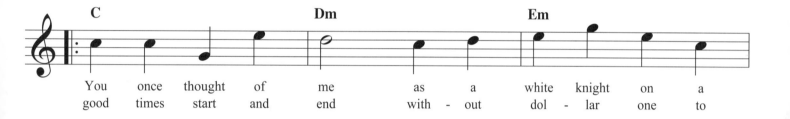

You once thought of me as a white knight on a
good times start and end with - out dol - lar one to

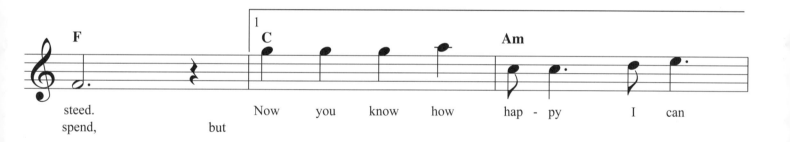

steed. Now you know how hap - py I can
spend, but

be. _____ Oh, and our how much, ba - by,

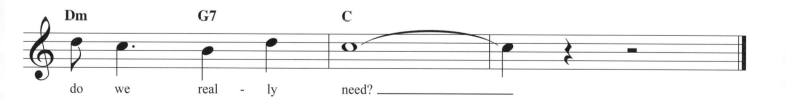

do we real - ly need? _____

DO THAT TO ME ONE MORE TIME

Words and Music by
TONI TENNILLE

DON'T GO BREAKING MY HEART

Words and Music by CARTE BLANCHE
and ANN ORSON

Moderately

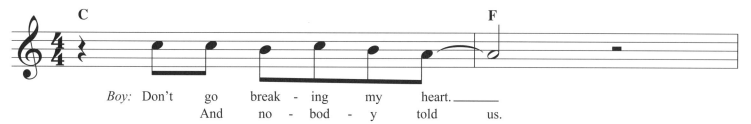

Boy: Don't go break-ing my heart. _____
And no-bod-y told us.

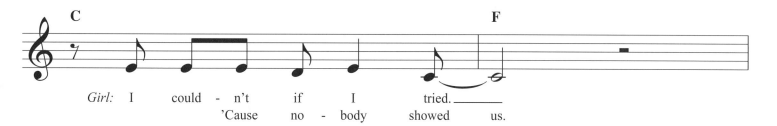

Girl: I could-n't if I tried. _____
'Cause no-body showed us.

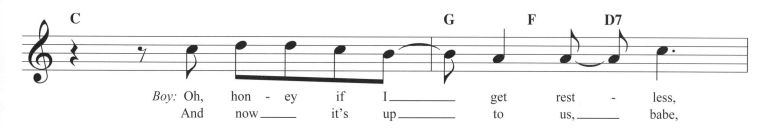

Boy: Oh, hon-ey if I _____ get rest - less,
And now _____ it's up _____ to us, _____ babe,

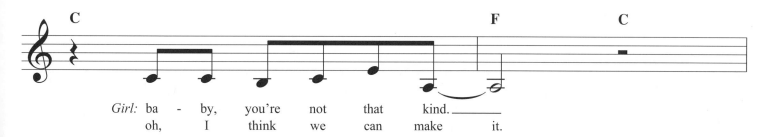

Girl: ba - by, you're not that kind. _____
oh, I think we can make it.

Boy: Don't go break-ing my heart. _____
So don't mis-un-der-stand me.

Girl: You take the weight off me. _____
You put the light in my life. _____

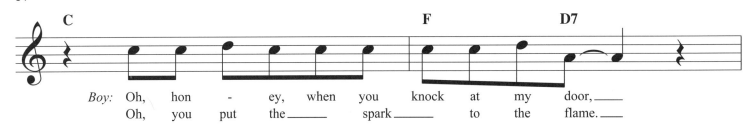

Boy: Oh, hon - ey, when you knock at my door,____
Oh, you put the____ spark____ to the flame.____

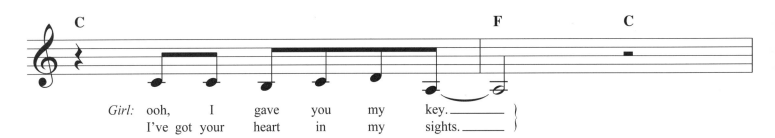

Girl: ooh, I gave you my key.____
I've got your heart in my sights.____

Both: Ooh, ooh,____ no - bod - y knows__

____ it, Boy: but when I was down____

Girl: I was your clown.____ Both: Ooh, ooh,____

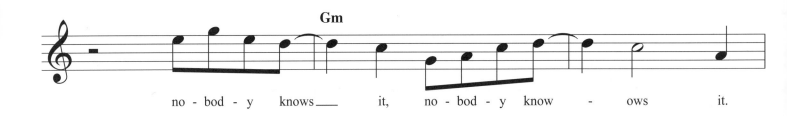

no - bod - y knows____ it, no - bod - y know - ows it.

Boy: Right from the start____ Girl: I gave you my heart.____

DO YOU BELIEVE IN MAGIC

Words and Music by
JOHN SEBASTIAN

Moderately

Do you be-lieve in mag - ic in a young girl's heart, how the

mu - sic can free her when - ev - er it starts? And it's mag - ic if the

mu - sic is groov - y; it makes you feel hap - py like an old - time mov - ie. I'll

tell you 'bout the mag - ic and a free your soul, but it's like try - in' to tell a stran - ger 'bout a

rock and roll. _____ If you be - lieve in mag - ic don't __
- ic come a -

both - er to choose, if it's jug band _____ mu - sic or
long with me, we'll _____ dance un - til morn - ing 'til there's

DON'T DO ME LIKE THAT

Words and Music by
TOM PETTY

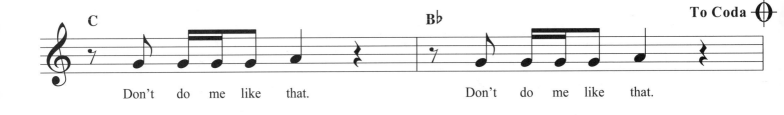

DON'T FEAR THE REAPER

Words and Music by
DONALD ROESER

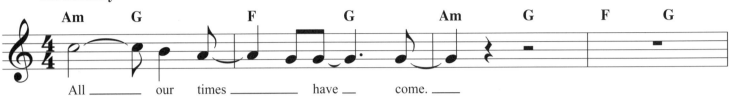

All _____ our times _____ have _ come. _____

Here _____ but now _____ they're _ gone. _____

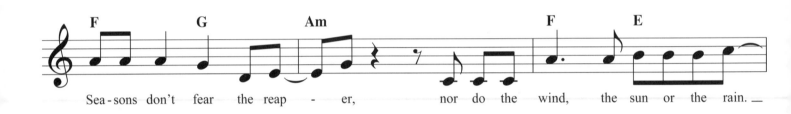

Sea-sons don't fear the reap - er, nor do the wind, the sun or the rain. _

_____ We can be like they _____ are. Come on, ba - by, don't fear the reap-

- er. Ba - by, take my hand. _____ Don't fear the reap - er. We'll be a - ble to fly. _

_____ Don't fear the reap - er. Ba - by, I'm your man. _____

La, _____ la, la, _____ la, _____ la. _____

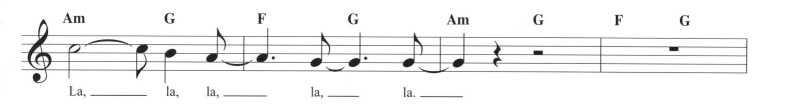

La, _____ la, la, _____ la, _____ la. _____

Val - en - tine _____ is _____ done. _____

Here _____ but now _____ they're _ gone. _____

Ro - me - o and Ju - li - et _____ are to - geth - er in e - ter - ni - ty. _

_ For - ty thou - sand men and wom - en ev - 'ry day.

For - ty thou - sand men and wom - en ev - 'ry day. An -

oth - er for - ty thou-sand com-ing ev - 'ry day. Come on, ba -

- by. Ba - by, take my hand. ___ We'll be a - ble to fly. __

___ Ba - by, I'm your man. ___

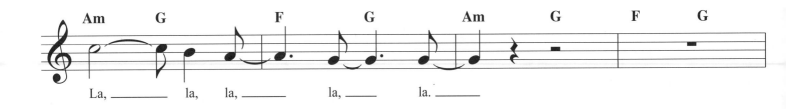

La, ___ la, la, ___ la, ___ la. ___

La, ___ la, la, ___ la, ___ la. ___

Love ___ of two ___ is ___ one. ___

Here ___ but now ___ they're ___ gone. ___

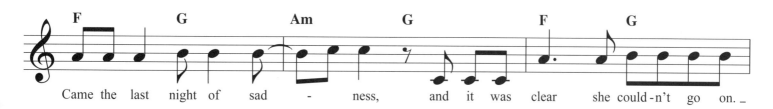

Came the last night of sad - ness, and it was clear she could-n't go on. _

_ And the door was o - pen and the wind _ a'peared. The

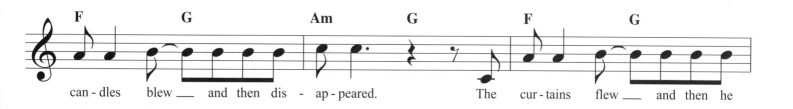

can - dles blew _ and then dis - ap - peared. The cur - tains flew _ and then he

ap - peared. Said don't be a - fraid. _ Come on, ba - by. _ And she had no fear. _

_ And she ran _ to him. They looked back - ward and said _

_ good - bye. She had tak - en his hand. _

Come on, ba - by. Don't fear the reap - er.

DON'T WORRY, BE HAPPY

Words and Music by
BOBBY McFERRIN

Whistle

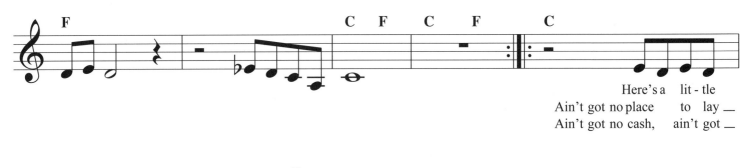

Here's a   lit - tle
Ain't got no place   to lay __
Ain't got no cash,   ain't got __

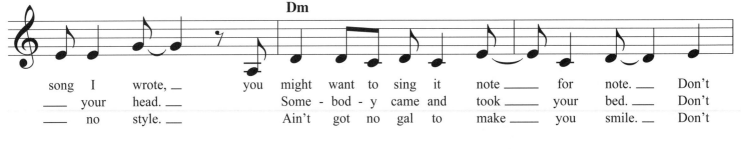

song I   wrote, __   you might want to sing it note _____ for note. __ Don't
___ your head. __   Some - bod - y came and took _____ your bed. __ Don't
___ no style. __   Ain't got no gal to make _____ you smile. __ Don't

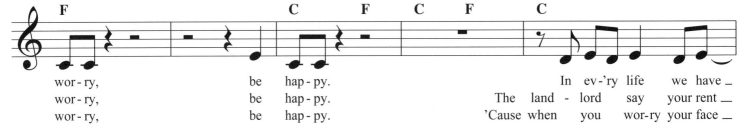

wor - ry,   be hap - py.   In ev'ry life we have __
wor - ry,   be hap - py.   The land - lord say your rent __
wor - ry,   be hap - py.   'Cause when you wor - ry your face __

___ some trou - ble,   but when you wor - ry you make _____ it dou - ble. Don't
___ is late, _____   he may have to lit - i - gate.   Don't
___ will frown, _____   and that will bring ev - 'ry - bod - y down.   Don't

wor - ry,   be hap - py.   Don't wor - ry, be hap - py now.
wor - ry,   be hap - py. *(Spoken:) Look at   me — I'm happy.*
wor - ry,   be hap - py.   Don't wor - ry, be hap - py now.

DOWNTOWN

Words and Music by
TONY HATCH

Medium Rock

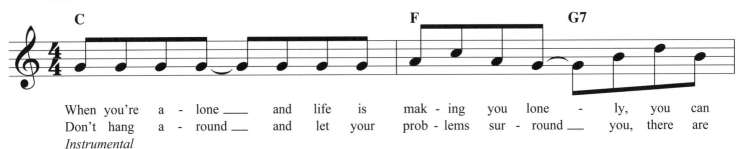

When you're a - lone ___ and life is mak - ing you lone - ly, you can
Don't hang a - round ___ and let your prob - lems sur - round ___ you, there are
Instrumental

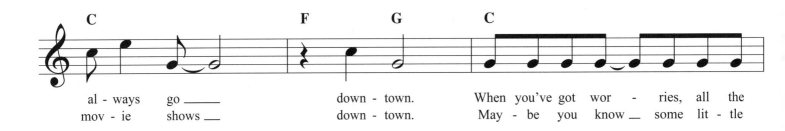

al - ways go ___ down - town. When you've got wor - ries, all the
mov - ie shows ___ down - town. May - be you know ___ some lit - tle

noise and the hur - ry seems to help, I know. ___ Down - town. Just
plac - es to go ___ to where they nev - er close. ___ Down - town. Just
End instrumental And

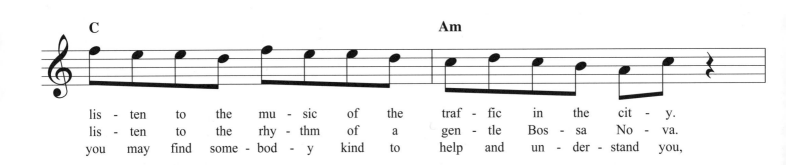

lis - ten to the mu - sic of the traf - fic in the cit - y.
lis - ten to the rhy - thm of a gen - tle Bos - sa No - va.
you may find some - bod - y kind to help and un - der - stand you,

Lin - ger on the side - walk where the ne - on signs are pret - ty.
You'll be danc - ing with 'em too be - fore the night is o - ver,
Some - one who is just like you and needs a gen - tle hand to

DRIVE

Words and Music by
RIC OCASEK

Moderate Ballad

Who's gon - na tell you when ___ it's too late? ___
Who's gon - na hold you down ___ when you shake? ___

Who's gon - na tell you things ___
Who's gon - na come a - round ___

aren't ___ so ___ great? }
when ___ you ___ break? }

You can't ___ go on ___

think - ing   noth - ing's

wrong. ___   What now? ___   Who's gon - na drive you home ___

to - night? ____

Who's gon - na pick you up ____ when

you ____ fall? ____

Who's gon - na hang it up ____ when __

____ you ____ call?

Who's gon - na pay at - ten - tion to

your __ dreams? __ And who's gon - na plug their ears __

when you _____ scream? _

You can't _ go on _____ think - ing noth - ing's

wrong. _____ What now? _____ Who's gon - na drive _ you home _

D.C. al Coda

_ to - night? _

CODA

Oh, _____ you know you can't go

on think - ing noth - ing's wrong. _____

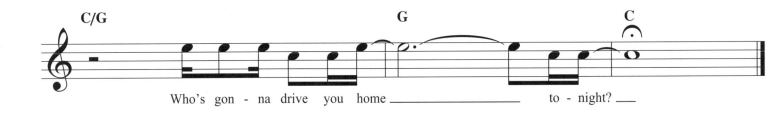

Who's gon - na drive you home _____ to - night? _

DON'T YOU
(Forget About Me)
from the Universal Picture THE BREAKFAST CLUB

Words and Music by KEITH FORSEY
and STEVE SCHIFF

Moderately, with a steady beat

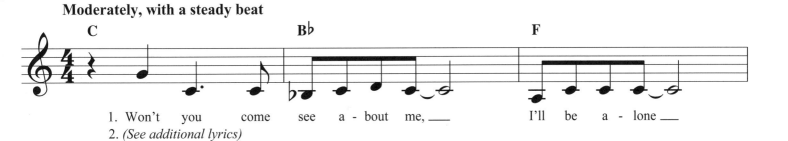

1. Won't you come see a - bout me, ___ I'll be a - lone ___
2. *(See additional lyrics)*

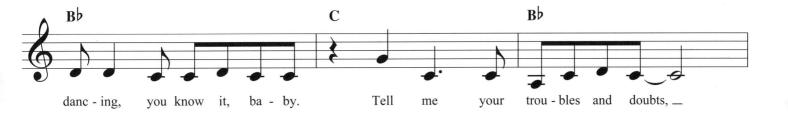

danc - ing, you know it, ba - by. Tell me your trou - bles and doubts, ___

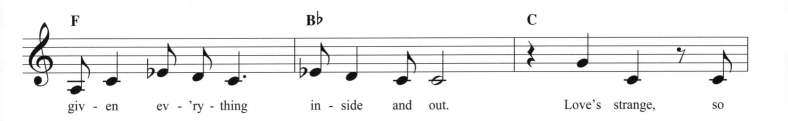

giv - en ev - 'ry - thing in - side and out. Love's strange, so

real in the dark, ___ think of the ten - der things that we were work - ing on.

Slow chains may pull us a - part ___ when our life ___ gets in -

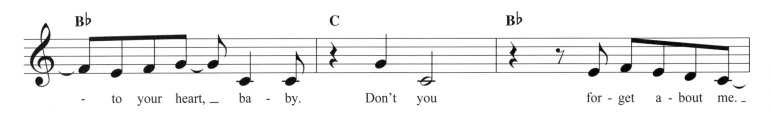

- to your heart, __ ba - by. Don't you for - get a - bout me. __

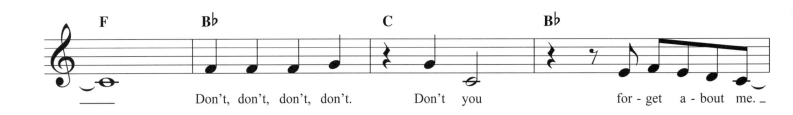

__ Don't, don't, don't, don't. Don't you for - get a - bout me. __

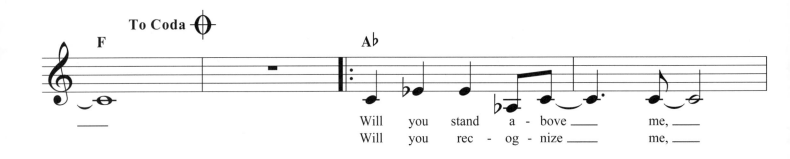

To Coda

Will you stand a - bove __ me, __
Will you rec - og - nize __ me, __

look my way, __ nev - er love __ me? Rain keeps fall - ing,
call my name __ or walk on by? __)

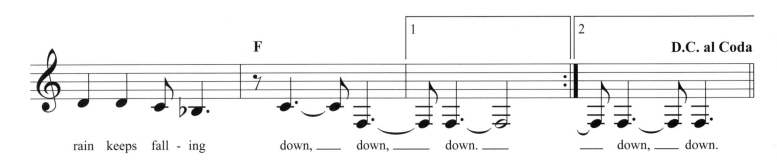

1. 2. **D.C. al Coda**

rain keeps fall - ing down, __ down, __ down. __ __ down, __ down.

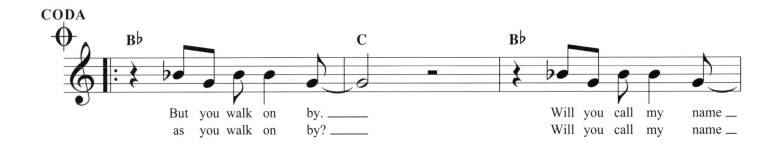

CODA

But you walk on by. __ Will you call my name __
as you walk on by? __ Will you call my name __

when you walk a - way? ____
Or will you walk a - way? ____

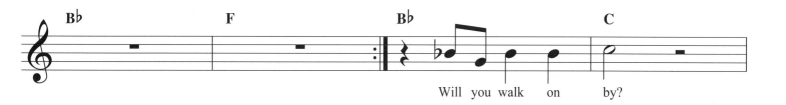

Will you walk on by?

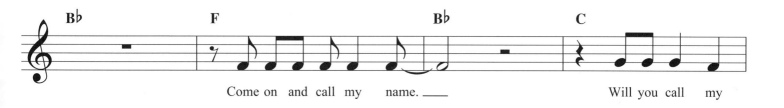

Come on and call my name. ____ Will you call my

name? I say ooh - la. La, la, la, _____

____ la, la, la, _____ la, la, la, la, la, la, la, la, la, _____

Additional Lyrics

2. Don't you try and pretend,
   It's my feeling, we'll win in the end.
   I won't harm you, or touch your defenses,
   Vanity, insecurity.
   Don't you forget about me,
   I'll be alone dancing, you know it, baby.
   Going to take you apart,
   I'll put us back together at heart, baby.

   Don't you forget about me,
   Don't, don't, don't, don't.
   Don't you forget about me. (*To Coda*)

EVEN THE NIGHTS ARE BETTER

Words and Music by J.L. WALLACE,
TERRY SKINNER and KEN BELL

Moderately

I,
You,

I was the lone - ly one, ____
you knew just what ____ to do, ____

'cause

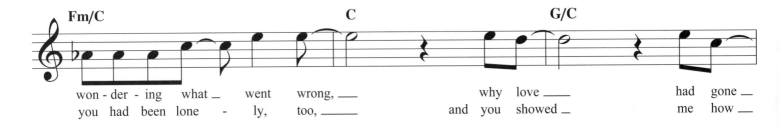

won - der - ing what ____ went wrong, ____
you had been lone - ly, too, ____

why love ____
and you showed ____

had gone ____
me how ____

____
____

and left me lone - ly. ____ I,
to ease the pain. ____ And ____ you

did

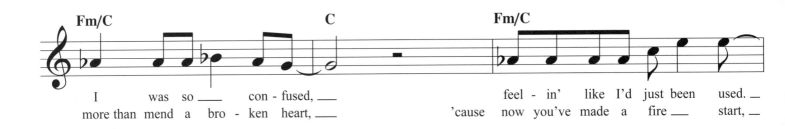

I was so ____ con - fused, ____
more than mend a bro - ken heart, ____

feel - in' like I'd just been used. ____
'cause now you've made a fire ____ start, ____

____
____

Then you came ____
and I, ____

to me, ____
I can see ____

and my
that you

lone - li - ness left ____ me.
feel ____ the same ____ way.

I used to think I was tied to a heart - ache. ____
I nev - er dreamed there'd be some - one to hold me, ____

I nev-er dreamed there'd be some-one to hold me, ___ un-til you told me, and

now that I found ___ you: E - ven the nights ___ are bet-
E - ven the days ___ are bright-

- ter, now that we're here ___ to - geth-
- er, when some - one you love's ___ be - side ___

- er; e - ven the nights ___ are bet-
___ ya; e - ven the nights ___ are bet-

Repeat and Fade

- ter since I found ___ you. ___
- ter since I found ___ you. ___

Oh. ___
Oh. ___

FAME

Words and Music by JOHN LENNON,
DAVID BOWIE and CARLOS ALOMAR

Solid Rock beat

Fame _____ makes a man _____ take things o - ver. _____ Fame _____ lets him
Fame, _____ what you like _____ is in the lim - o. _____ Fame, _____ what you

loose, hard to swal - low. _____ Fame _____ puts you there _____ where things are hol - low, _____
get is no to - mor - row. _____ Fame, _____ what you need _____ you have to bor - row, _____

fame. _____ }
fame. _____ }   *(Instrumental)*   Fame, _ it's not your brain, _ it's

just a flame _____ that burns your change to keep you in - sane. _____

(Instrumental)   Fame. _____   *(Instrumental)*

78

EVERY LITTLE THING SHE DOES IS MAGIC

Music and Lyrics by
STING

1. Though I've tried be - fore to tell her of the feel -
2. *(See additional lyrics)*

- ings I have for her in ___ my ___ heart, ___

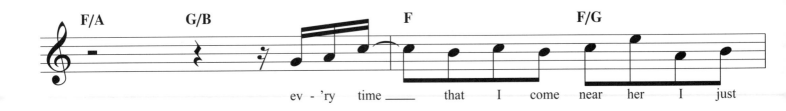

ev - 'ry time ___ that I come near her I just

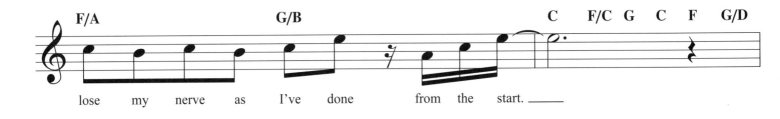

lose my nerve as I've done from the start. ___

Chorus

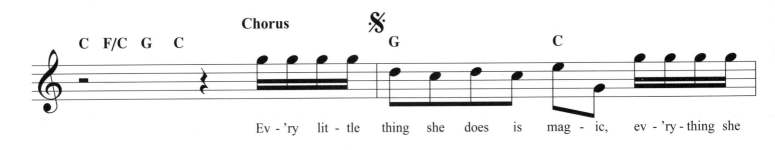

Ev - 'ry lit - tle thing she does is mag - ic, ev - 'ry - thing she

do just turns me on. E - ven though my life be - fore was trag - ic, now I know my

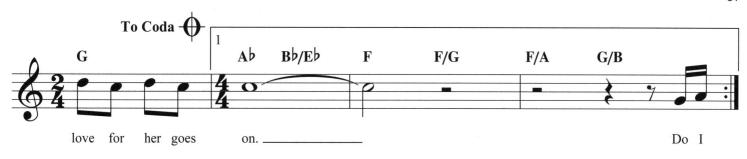

To Coda ⊕

G | Ab | Bb/Eb | F | F/G | F/A | G/B

love for her goes on. _____ Do I

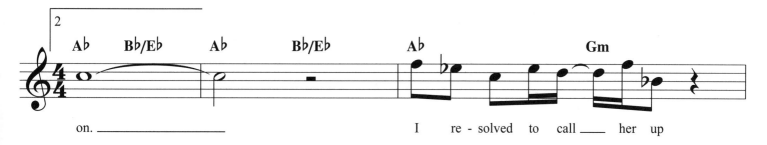

Ab | Bb/Eb | Ab | Bb/Eb | Ab | Gm

on. _____ I re-solved to call ___ her up

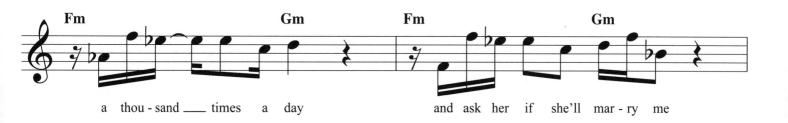

Fm | Gm | Fm | Gm

a thou-sand ___ times a day and ask her if she'll mar-ry me

Ab | Gm | Ab | Bb

in some old - fash-ioned way. But my si - lent fears have gripped __ me long be-fore __

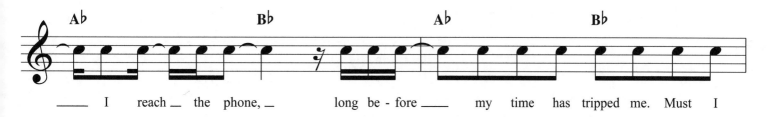

Ab | Bb | Ab | Bb

___ I reach __ the phone, __ long be-fore _____ my time has tripped me. Must I

D.S. al Coda   **CODA** ⊕

Ab | Bb | C | | C

al - ways be a - lone? Ev-'ry lit-tle on.

Additional Lyrics

2. Do I have to tell the story
   Of a thousand rainy days since we first met.
   It's a big enough umbrella
   But it's always me that ends up getting wet.
   Chorus

EVERYBODY WANTS TO RULE THE WORLD

Words and Music by IAN STANLEY,
ROLAND ORZABAL and CHRISTOPHER HUGHES

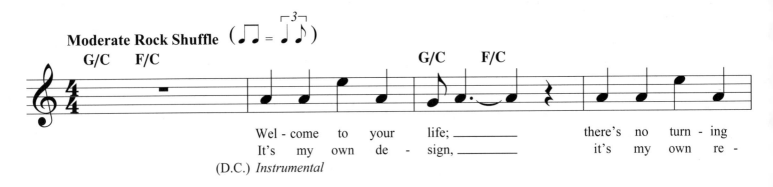

Wel - come to your life; _____ there's no turn - ing
It's my own de - sign, _____ it's my own re -

(D.C.) *Instrumental*

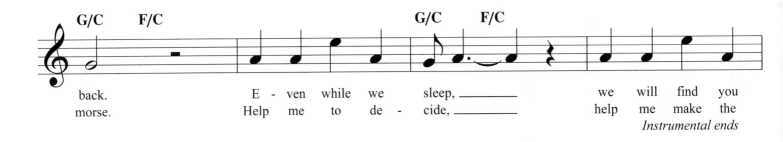

back. E - ven while we sleep, _____ we will find you
morse. Help me to de - cide, _____ help me make the
Instrumental ends

act - ing on your best be - hav - ior. Turn your back on Moth - er Na - ture.
most of free - dom and of pleas - ure. Noth - ing ev - er lasts for - ev - er.
I can't stand this in - de - ci - sion, mar - ried with a lack of vi - sion.

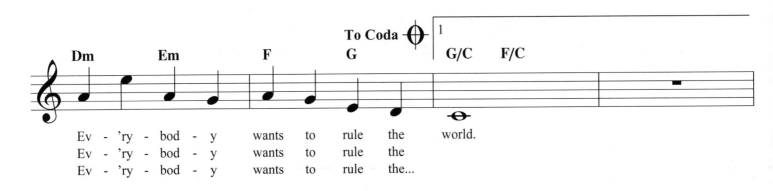

Ev - 'ry - bod - y wants to rule the world.
Ev - 'ry - bod - y wants to rule the
Ev - 'ry - bod - y wants to rule the...

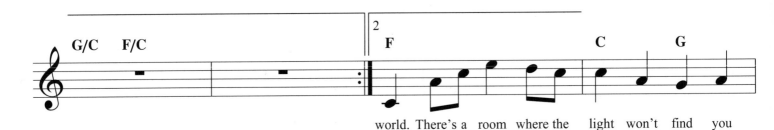

world. There's a room where the light won't find you

EYE OF THE TIGER
Theme from ROCKY III

Words and Music by FRANK SULLIVAN
and JIM PETERIK

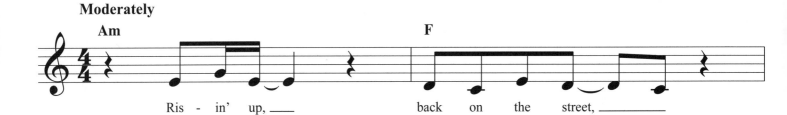

Ris - in' up, ___ back on the street, ___

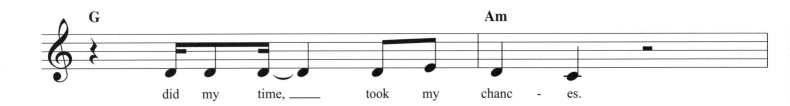

did my time, ___ took my chanc - es.

Went the dis - tance; now I'm back on my feet, just a man ___

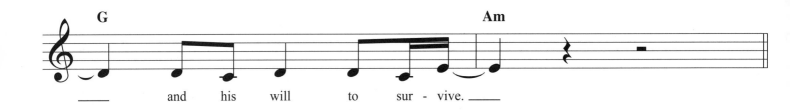

___ and his will to sur - vive. ___

So man - y times ___ it hap - pens too fast. ___
Face to face, ___ out in the heat, ___
Ris - in' up, ___ straight to the top. ___

You trade your pas - sion for glo - ry.
hang - in' tough, stay - in' hun - gry.
Had the guts, got the glo - ry.

FIREFLIES

Words and Music by
ADAM YOUNG

Moderately, with a groove

You would not be - lieve your eyes if ten mil - lion fire - flies

lit up the world as I fell a - sleep.

'Cause they'd fill the o - pen air and leave tear - drops ev - 'ry - where. You'd

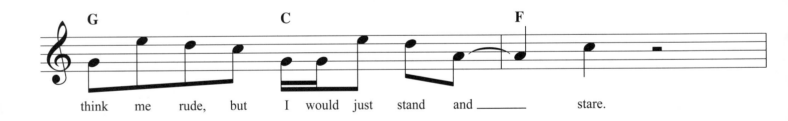

think me rude, but I would just stand and stare.

I'd like to make my - self be - lieve that Plan - et Earth

turns slow - ly. It's hard to say that I'd rath - er stay a - wake

hard to say ___ that I'd rath - er stay a - wake ___ when I'm a - sleep, 'cause

To Coda ⊕

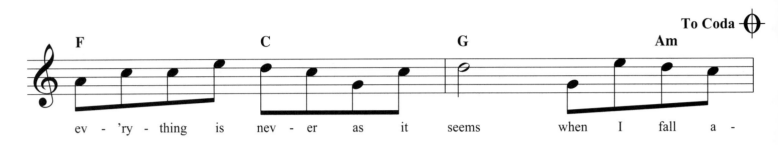

ev - 'ry - thing is nev - er as it seems when I fall a -

sleep. Leave my door o - pen just a crack, ___

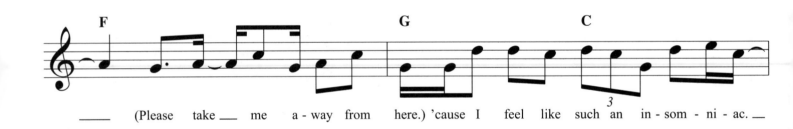

___ (Please take ___ me a - way from here.) 'cause I feel like such an in - som - ni - ac. ___

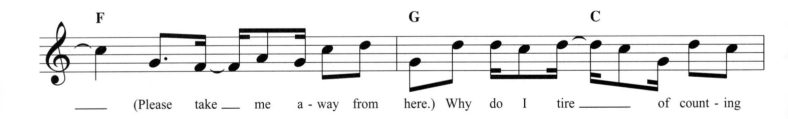

___ (Please take ___ me a - way from here.) Why do I tire _____ of count - ing

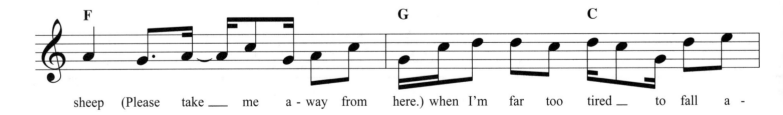

sheep (Please take ___ me a - way from here.) when I'm far too tired ___ to fall a -

CODA ⊕

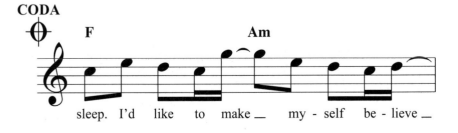

sleep?　　　　　　　　　　sleep. I'd like to make ___ my - self be - lieve ___

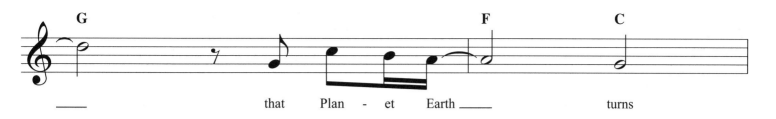

that Plan - et Earth ____ turns

slow - ly. It's hard to say ___ that I'd rath - er stay a - wake ___

____ when I'm a - sleep, 'cause ev - 'ry - thing is nev - er as it

seems when I fall a - sleep. I'd like to make ___ my - self be - lieve ___

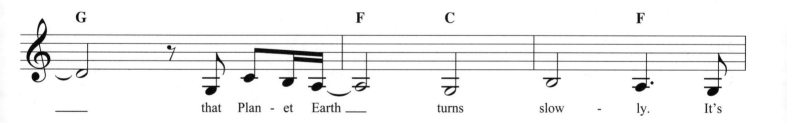

____ that Plan - et Earth ___ turns slow - ly. It's

hard to say ___ that I'd rath - er stay a - wake ___ when I'm a - sleep, be -

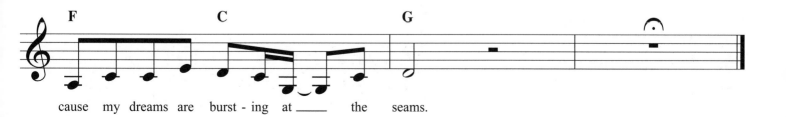

cause my dreams are burst - ing at ___ the seams.

FLY LIKE AN EAGLE

Words and Music by
STEVE MILLER

Moderately, in 2

Tick   tock __ tick.   Doot   doot   doo   doo.

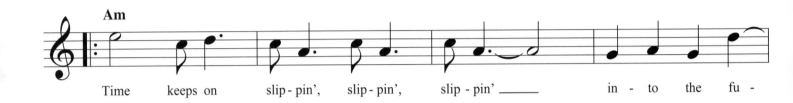

Time   keeps on   slip - pin',   slip - pin',   slip - pin' _____   in - to   the   fu-

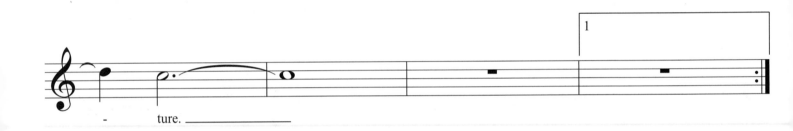

-ture. _____

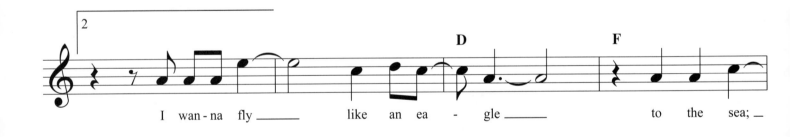

I   wan - na   fly _____   like   an   ea - gle _____   to   the   sea; __

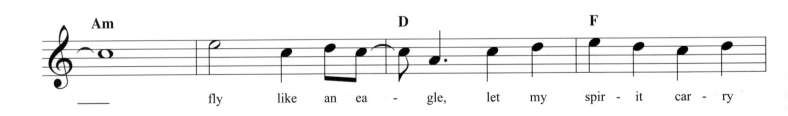

___   fly   like   an   ea - gle,   let   my   spir - it   car - ry

me.   I   want   to   fly   like   an   ea - gle _____   till   I'm   free, __

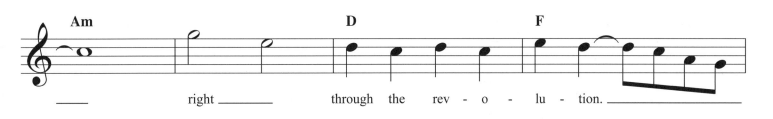

right _____ through the rev - o - lu - tion. _____

____ Feed the ba - bies who don't have e - nough _ to eat.

Shoe the chil - dren with no shoes on ____ their feet.

House the peo - ple liv - in' in ____ the street.

Oh, _____ there's a so - lu - tion.

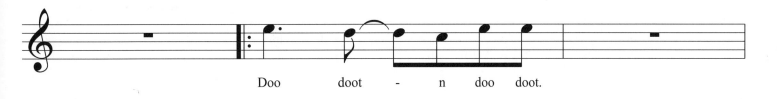

Doo doot - n doo doot.

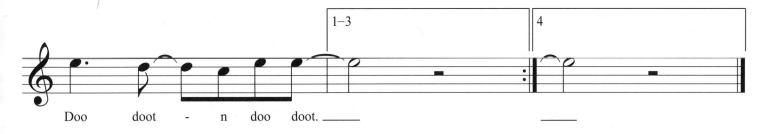

Doo doot - n doo doot. ____ ____

FOREVER YOUNG

Words and Music by ROD STEWART,
KEVIN SAVIGAR, JIM CREGAN
and BOB DYLAN

young. ___ (Instrumental)

And when you

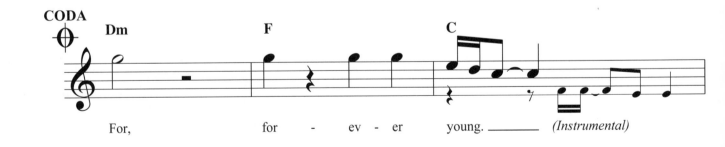

For,   for - ev - er   young. _____ (Instrumental)

For - ev - er   young. _____

GOD ONLY KNOWS

Words and Music by BRIAN WILSON
and TONY ASHER

I may not al - ways love you, but long as there are
If you should ev - er leave me, oh, life would still go

_____ stars a - bove you, you'll nev - er need to doubt _____ it.
_____ on, be - lieve me. The world could show noth - ing to _____ me,

I'll make you so sure a - bout it.
so what good would liv - ing do me? God on - ly knows _____

_____ what I'd be with - out _____ you.

God on - ly knows _____ what I'd be with - out _____

_____ you.
(God on - ly knows _____ what I'd be with - out _____ you.)

God on - ly knows _____

GRENADE

Words and Music by BRUNO MARS,
ARI LEVINE, PHILIP LAWRENCE,
BRODY BROWN, CLAUDE KELLY
and ANDREW WYATT

Moderately fast

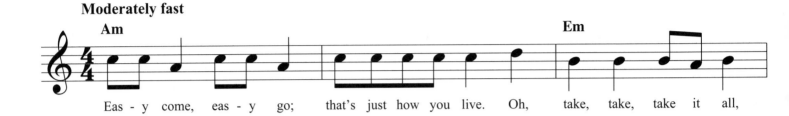

Eas-y come, eas-y go; that's just how you live. Oh, take, take, take it all,

but you nev-er give. Should-'ve known you was trou-ble from the first kiss; had your

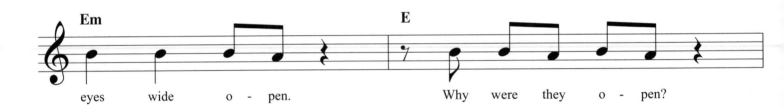

eyes wide o-pen. Why were they o-pen?

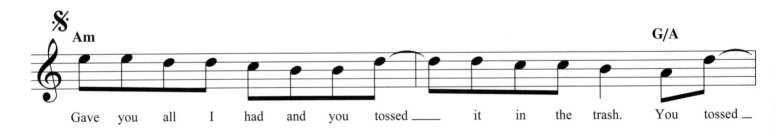

Gave you all I had and you tossed ___ it in the trash. You tossed ___

___ it in the trash; you did. ___ To give ___ me all your love is all ___

___ I ev-er asked, 'cause ___ what you don't un-der-stand ___ is, I'd catch a gre-nade ___

for ya, ___ throw my hand on a blade ___ for ya. ___

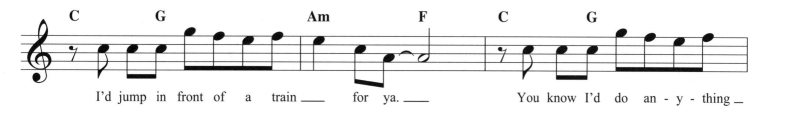

I'd jump in front of a train ___ for ya. ___ You know I'd do an - y - thing ___

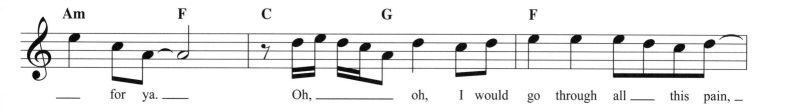

___ for ya. ___ Oh, ___ oh, I would go through all ___ this pain, ___

___ take a bul - let straight through my brain. ___ Yes, I would die ___

To Coda

___ for you, ba - by, but you won't do the same.

No, ___ no, no, no. ___

Black, black, black and blue; beat me 'til I'm numb; tell the dev - il I said, "Hey," when you get

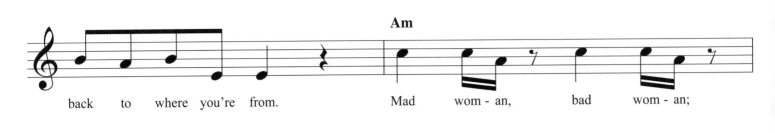

back to where you're from. **Am** Mad wom - an, bad wom - an;

that's just what you are. Yeah, you'll **Em** smile ___ in my face, then rip the

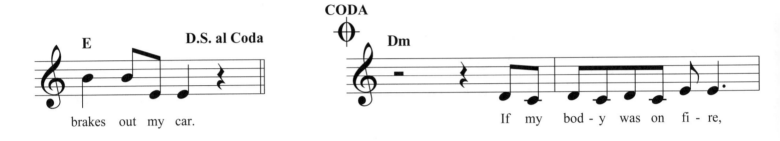

E D.S. al Coda
brakes out my car.

CODA
Dm If my bod - y was on fi - re,

Am ooh, you'd watch me burn down in flames. **Dm** You said you

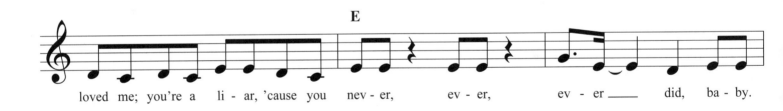

loved me; you're a **E** li - ar, 'cause you nev - er, ev - er, ev - er ___ did, ba - by.

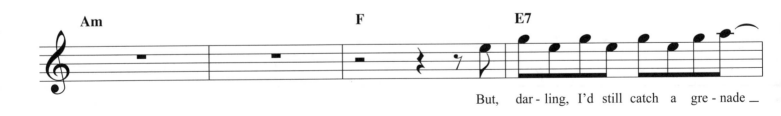

Am **F** **E7** But, dar - ling, I'd still catch a gre - nade ___

Am **F** for ya, ___ **C** **G** throw my hand on a blade ___ **Am** for ya. ___ **F**

I'd jump in front of a train ___ for ya. ___ You know I'd do an - y - thing _

___ for ya. ___ Ooh, _____ I would go through all ___ this pain, _

_____ take a bul - let straight through my brain. _____ Yes, I would die _

___ for you, ba - by, but you won't do the same.

No, you won't do the ___ same. ___ You would - n't do the ___ same. _

_____ Ooh, ___ you nev - er do the ___ same, _

___ no, ___ no, no, no. _____

HAPPY TOGETHER

Words and Music by GARRY BONNER
and ALAN GORDON

Steady, solid beat

I - mag - ine me and you. ___ I do.   I think a - bout you
call you up. ___ In - vest a dime and you say you be -

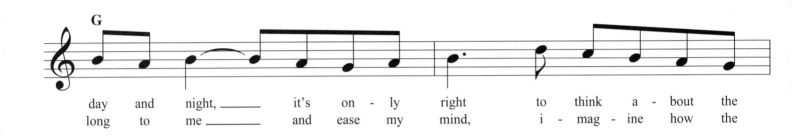

day and night, ___ it's on - ly right to think a - bout the
long to me ___ and ease my mind, i - mag - ine how the

girl you love ___ and hold her tight, so hap - py to -
world would be ___ so ver - y fine, so hap - py to -

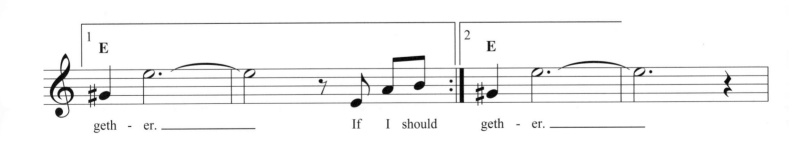

geth - er. ___ If I should geth - er. ___

I can see me lov - in' no - bod - y but you for all my life. ___

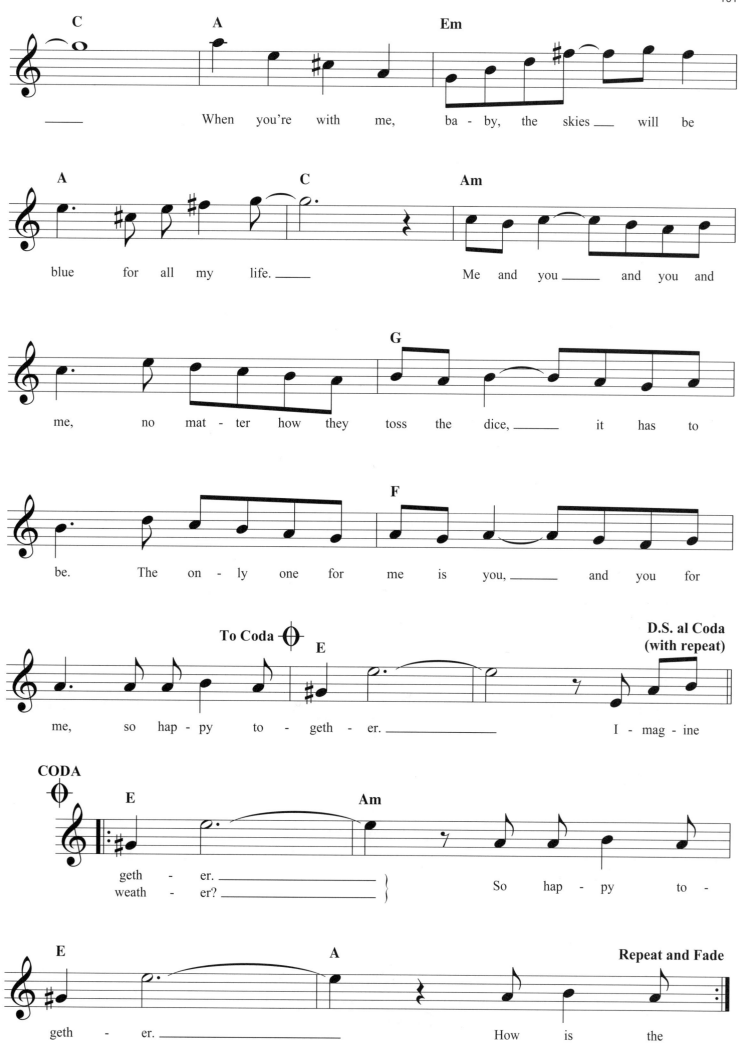

THE HEAT IS ON
from the Paramount Picture BEVERLY HILLS COP

Words by KEITH FORSEY
Music by HAROLD FALTERMEYER

Fast Rock 'n' Roll

The heat is on, on _____ the street, _____

_____ in - side your head,

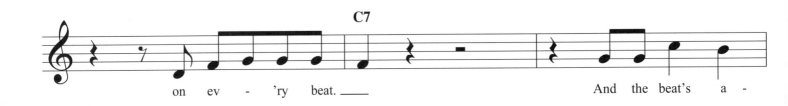

on ev - 'ry beat. _____ And the beat's a -

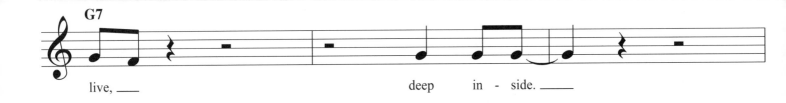

live, _____ deep in - side. _____

The pres - sure's high, _____ just to stay a -

live. 'Cause the heat is on. _____ *(Instrumental)*

Oh oh oh oh, oh oh oh oh. Caught __ up in the ac - tion, I'll __

__ be look-ing out for you. Oh oh oh oh, oh oh oh oh. Tell __

__ me, can you feel it? Tell __ me, can you feel it? Tell __ me, do you feel it? ____

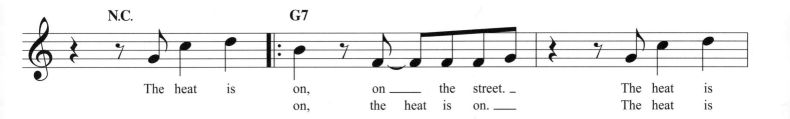

The heat is on, on __ the street. __ The heat is
on, the heat is on. __ The heat is

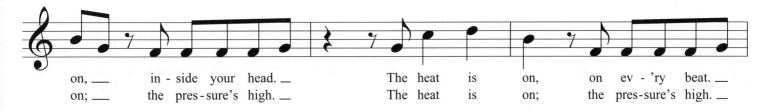

on, __ in - side your head. __ The heat is on, on ev - 'ry beat. __
on; __ the pres-sure's high. __ The heat is on; the pres-sure's high. __

The heat is on. The heat is

The heat is on. The heat is... on!

HEY, SOUL SISTER

Words and Music by PAT MONAHAN,
ESPEN LIND and AMUND BJORKLAND

Moderately

Hey, _____ hey, _____ hey! _____

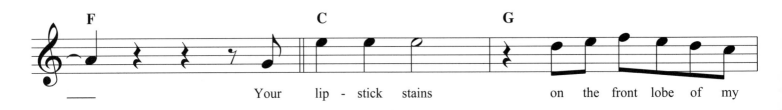

_____ Your lip - stick stains on the front lobe of my

left - side brains. I knew _ I would - n't for - get ya, and so I went and

let you blow _ my mind. _____ Your

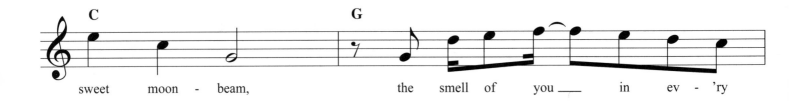

sweet moon - beam, the smell of you _ in ev - 'ry

sin - gle dream I _____ dream, _____ I knew when we col - lid -

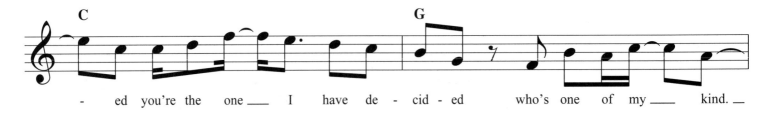

- ed you're the one _ I have de - cid - ed who's one of my _ kind.

HIGHER LOVE

Words and Music by WILL JENNINGS
and STEVE WINWOOD

Moderate Rock

Think a-bout ____ it!
- ing

There must be ____ high-er love,
and we're just ____ hang-ing on,

down in the heart or hid-den in the stars a-bove. ____ With-out ____ it, life is
fac-ing our fear and stand-ing out there a-lone. ____ A yearn - ing, and it's

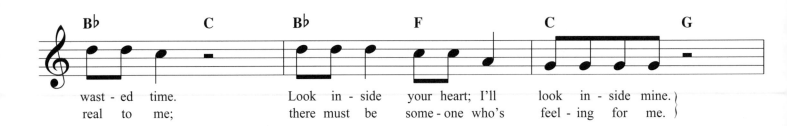

wast-ed time. Look in-side your heart; I'll look in-side mine.)
real to me; there must be some-one who's feel-ing for me.)

Things look so bad ev-'ry-where. ____ In this whole world,

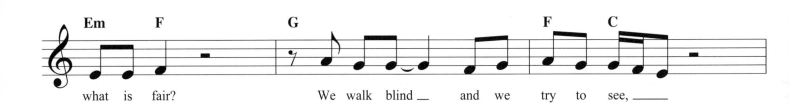

what is fair? We walk blind ____ and we try to see, ____

fall-ing be-hind in what could be. Bring me a high-er love.

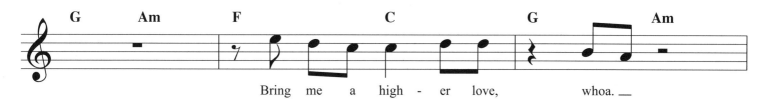

Bring me a high - er love, whoa. __

Bring me a high - er love. Where's that / I could high - er love __ I keep

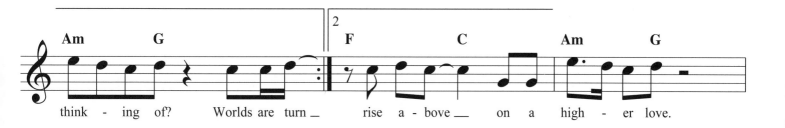

think - ing of? Worlds are turn __ rise a - bove __ on a high - er love.

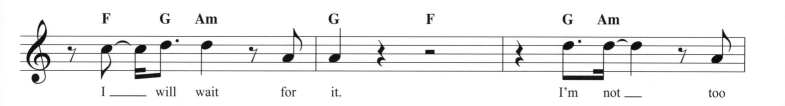

I __ will wait for it. I'm not __ too

late for __ it. __ Un - til then, I'll sing my song

to cheer __ the night a - long. __ Bring __ it. *(Instrumental)*

110

I could light the night up with my soul on fire. ____

I could make the sun - shine. from pure de - sire. ___

Let me feel that love come o - ver me. Let me feel how

strong it could be. ___ Bring me a high - er love. Bring ___

____ me a high - er love, whoa. _ Bring me a high - er love.

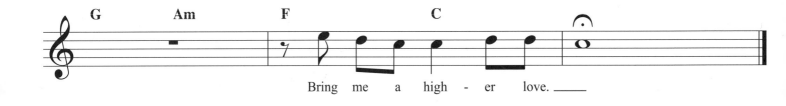

Bring me a high - er love. ____

THE GREATEST LOVE OF ALL

Words by LINDA CREED
Music by MICHAEL MASSER

Slowly

(1., 3.) I be-lieve the chil - dren are our fu-ture; teach them well and let ___ them lead _ the way.
be. (2.) Ev-'ry-bod-y's search - ing for a he-ro; peo-ple need some-one __ to look up _____ to.

Show them all the beau - ty they pos - sess in - side. Give them a
I nev - er found an - y - one __ who ful - filled my needs. A lone - ly

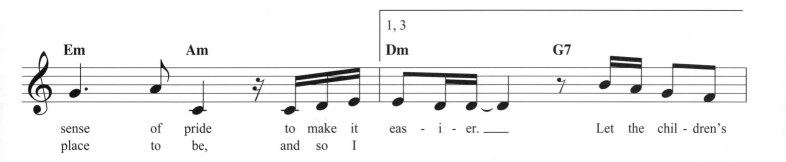

sense of pride to make it eas - i - er. __ Let the chil - dren's
place to be, and so I

1, 3

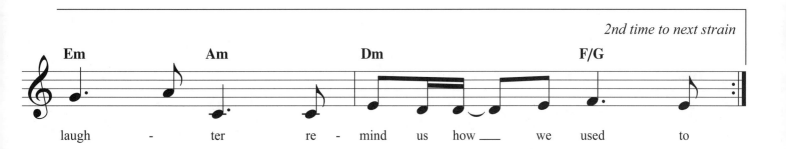

2nd time to next strain

laugh - ter re - mind us how __ we used to

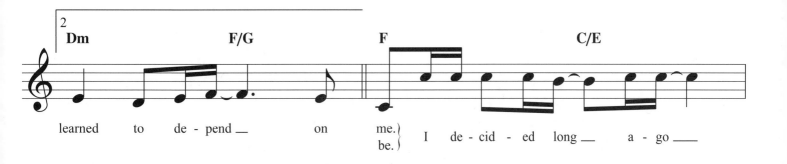

2

learned to de - pend __ on me.) I de - cid - ed long _ a - go __
be.}

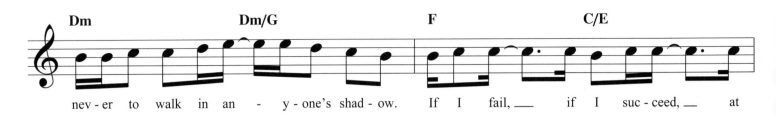

nev - er to walk in an - y - one's shad - ow. If I fail, ___ if I suc - ceed, ___ at

least I lived ___ as I be - lieve. No mat - ter what they take from me, they

can't take a - way my dig - ni - ty. Be - cause the great - est

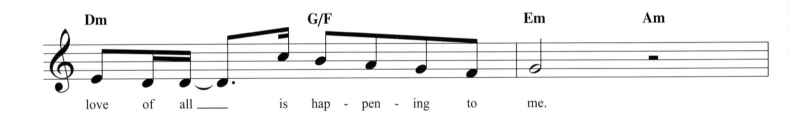

love of all ___ is hap - pen - ing to me.

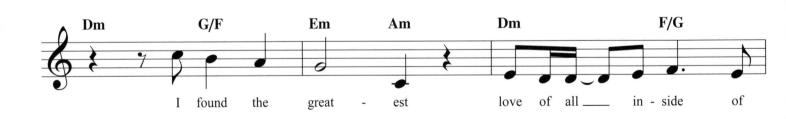

I found the great - est love of all ___ in - side of

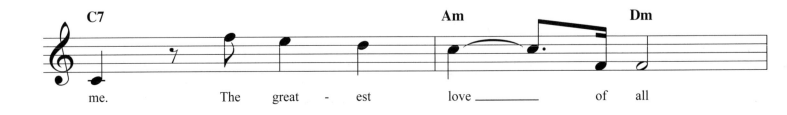

me. The great - est love ___ of all

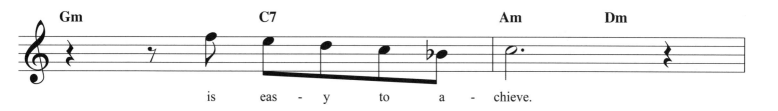

is eas - y to a - chieve.

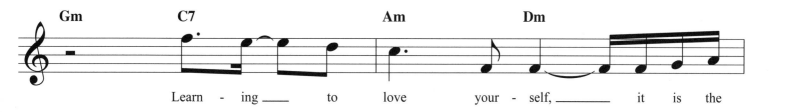

Learn - ing ___ to love your - self, ___ it is the

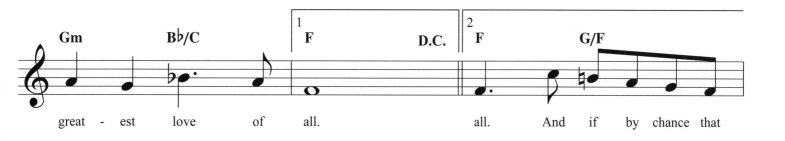

great - est love of all.   all.   And if by chance that

spe - cial place   that you've been dream - ing of

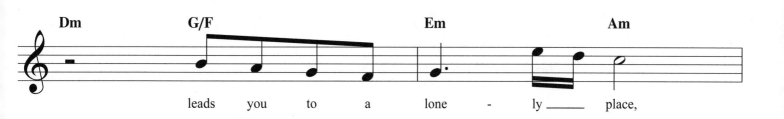

leads you to a lone - ly ___ place,

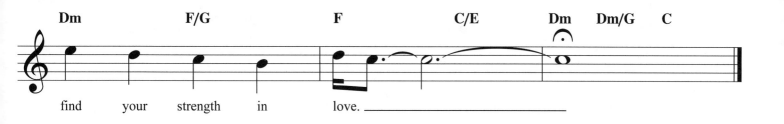

find your strength in love. ___

HOLD MY HAND

Words and Music by DARIUS CARLOS RUCKER,
EVERETT DEAN FELBER, MARK WILLIAM BRYAN
and JAMES GEORGE SONEFELD

Moderately, in 2

With a lit-tle love and some ten-der-ness __
day I saw you stand-ing there. __
wast-ed and I was wast-ing time __

we'll walk up-on __ the wa - ter, we'll
Your head was down, __ your eyes were red, no
'til I thought a-bout __ your prob-lem, I

rise a-bove __ the mess. __ With a lit-tle peace __
comb had touched __ your hair. __ I __ said, __ "Get __ up
thought a-bout __ your crime. __ Then I stood __ up __

and some har-mo-ny, __ we'll
and let me see you smile. __ We'll
and I screamed a-loud, __ "Don't wan-na

take the world __ to-geth - er, we'll take 'em by __ the hand. __
take a walk __ to-geth - er, walk the road __ a while." __
be part of __ your prob - lem, don't wan-na be part of __ your crowd." __

117

Want you to hold my __ hand. Hold __ my hand. __

I'll take you to a place __ where you __ can be __
I'll take you to the prom - ised land. _____

an - y - thing you wan - na be __ be - cause   I, _____
May - be we can't change _____ the world, _ but

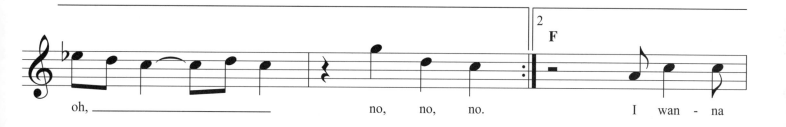

oh, _____   no, no, no.   I wan - na

love you the best that, the best that I can, _____

oh, _____   the best that I _____ can. _____

HOME

Words and Music by
CHRIS DAUGHTRY

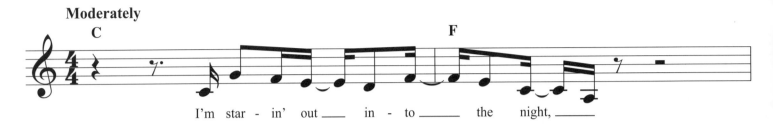

I'm star - in' out ___ in - to ___ the night, ___

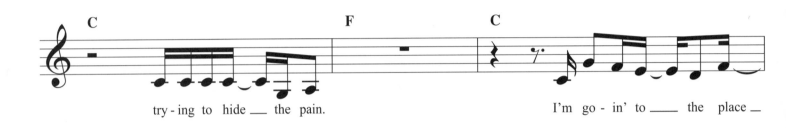

try - ing to hide ___ the pain.   I'm go - in' to ___ the place ___

___ where ___ love ___ and feel - in' good ___ don't ev - er cost ___ a thing

and the pain you feel's ___ a dif - f'rent kind ___ of pain.

Well,
So, } I'm go - in' home, ___   back to the place where I ___ be - long ___   and where your

love has al - ways been ___ e - nough ___ for me. ___

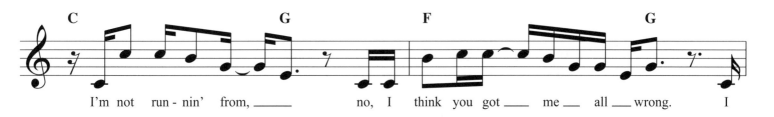

I'm not run-nin' from, _____ no, I think you got _____ me _____ all _____ wrong. I

don't re-gret _____ this life _____ I chose _____ for me. _____ But these

To Coda ⊕

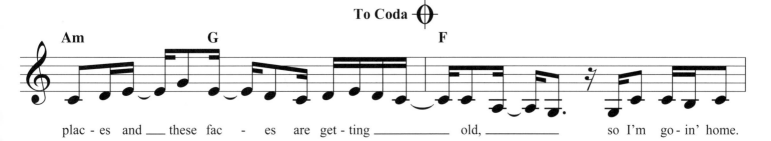

plac - es and _____ these fac - es are get-ting _____ old, _____ so I'm go-in' home.

Well, I'm go-in' home.

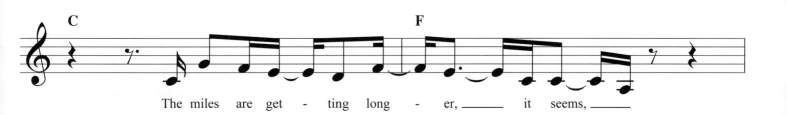

The miles are get - ting long - er, _____ it seems, _____

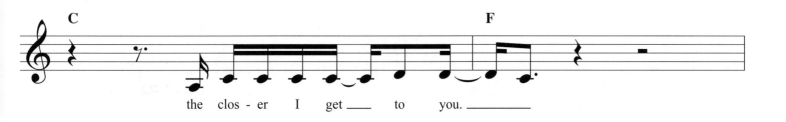

the clos - er I get _____ to you. _____

I've not al-ways been _____ the best man or friend _____ for you, _ but your love _ re-mains _ true _____

and I ____ don't ___ know _____ why.   You

al - ways seem ___ to give ___ me an - oth - er _____ try. ____

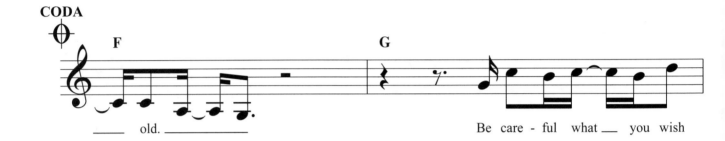

____ old. _____   Be care - ful what ___ you wish

for ____   'cause you just might get it all. _____   You just might get it all ____

_____   and then some you don't want. _____   Be care - ful what ___ you wish

for ____   'cause you just might get it all. _____   You just might ___ get it all, ___

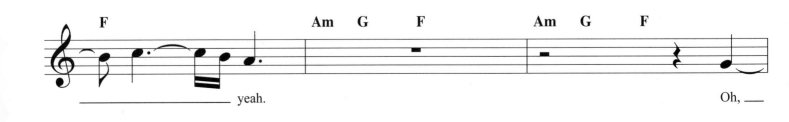

_____ yeah.   Oh, ___

_____ well, I'm go - in' home, _____ back to the place where I _____ be - long _____ and where your

love has al - ways been _____ e - nough _____ for me. _____

I'm not run - nin' from, _____ no, I think you got _____ me all _____ wrong. _ I

don't re - gret _____ this life _____ I chose _ for me. _____ But these

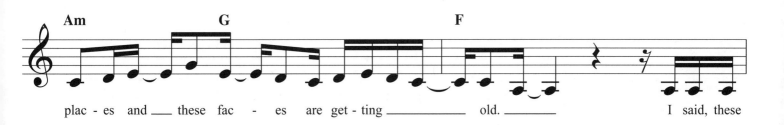

plac - es and _____ these fac - es are get - ting _____ old. _____ I said, these

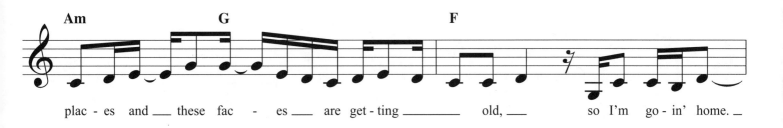

plac - es and _____ these fac - es _____ are get - ting _____ old, _____ so I'm go - in' home. _

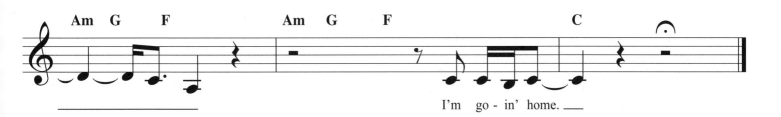

_____ I'm go - in' home. _____

HOW CAN YOU MEND A BROKEN HEART

Words and Music by BARRY GIBB
and ROBIN GIBB

Slowly

I can think of young-er days____ when liv-ing for my life____ was
I can still feel the breeze____ that rus-tles through the trees____ and

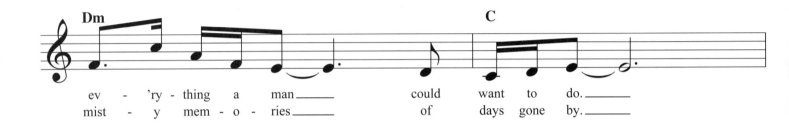

ev-'ry-thing a man____ could want to do.____
mist-y mem-o-ries____ of days gone by.____

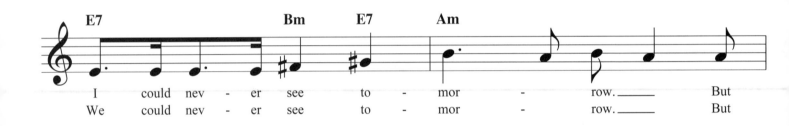

I could nev-er see to-mor-row.____ But
We could nev-er see to-mor-row.____ But

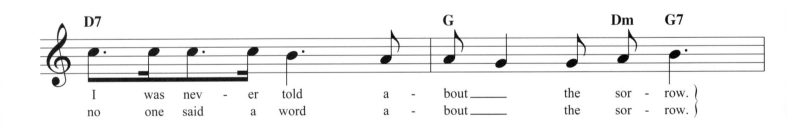

I was nev-er told a-bout____ the sor-row.
no one said a word a-bout____ the sor-row.

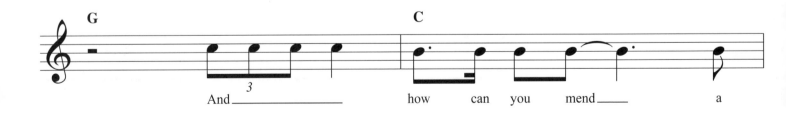

And_____ how can you mend____ a

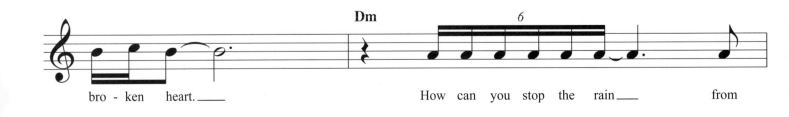

bro-ken heart.____ How can you stop the rain____ from

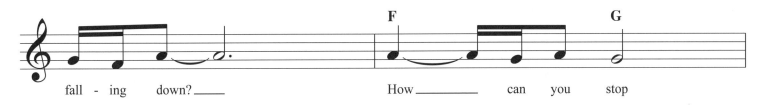

fall - ing down?_____ How_____ can you stop

the sun from shin - ing? What makes the world go

'round? How can you mend_____ this

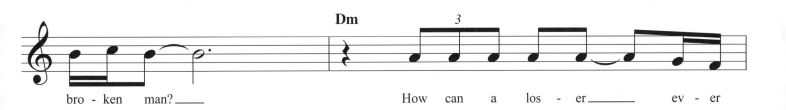

bro - ken man?_____ How can a los - er_____ ev - er

win? Please help me mend my bro - ken heart,

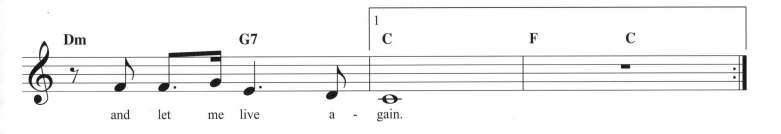

and let me live a - gain.

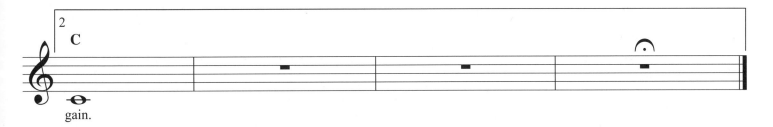

gain.

HOW TO SAVE A LIFE

Words and Music by JOSEPH KING
and ISAAC SLADE

Moderately

Step one, ___ you say, ___ "We need ___ to talk." ___ He walks, ___

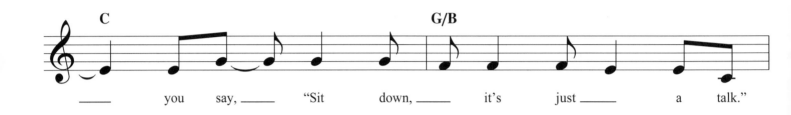

___ you say, ___ "Sit down, ___ it's just ___ a talk."

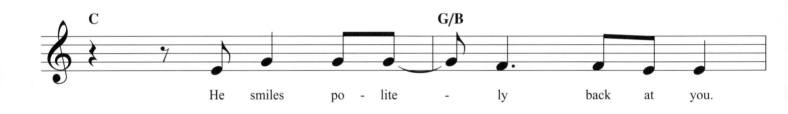

He smiles po - lite - ly back at you.

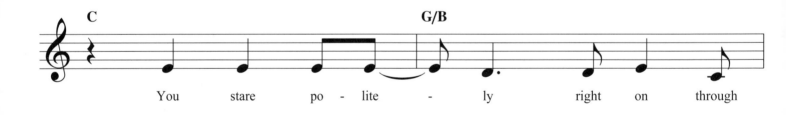

You stare po - lite - ly right on through

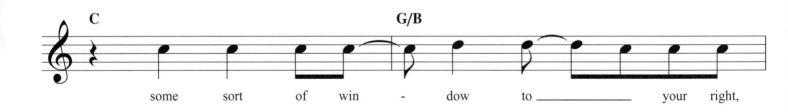

some sort of win - dow to ___ your right,

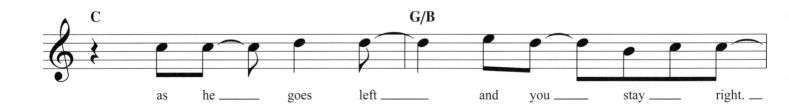

as he ___ goes left ___ and you ___ stay ___ right.

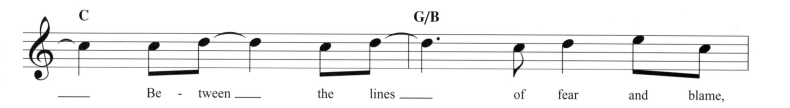

Be - tween _____ the lines _____ of fear and blame,

you be - gin to won - der why _____ you came.

Where did I _____ go wrong? _____
where did I _____ go wrong? _____ } I lost _____ a friend

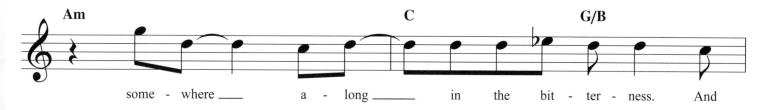

some - where _____ a - long _____ in the bit - ter - ness. And

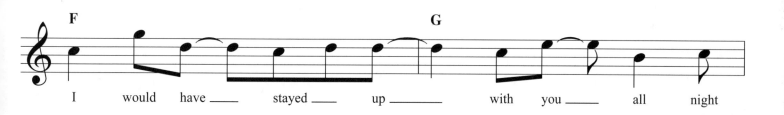

I would have _____ stayed _____ up _____ with you _____ all night

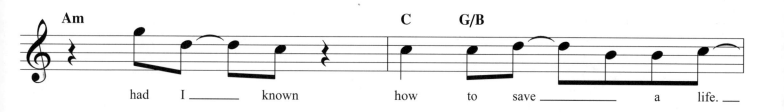

had I _____ known how to save _____ a life. ___

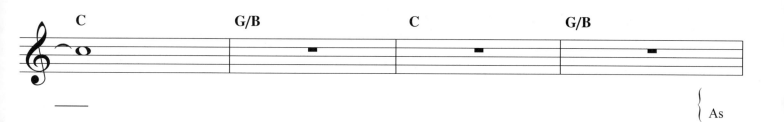

_____

As

126

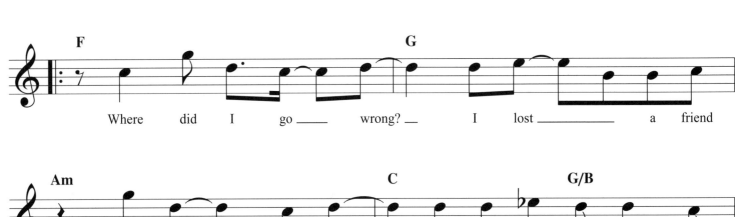

Where did I go ____ wrong? ____ I lost _____ a friend

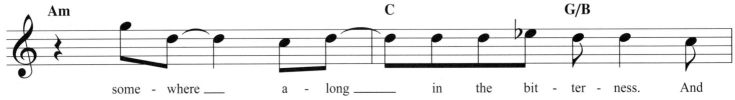

some - where ____ a - long _____ in the bit - ter - ness. And

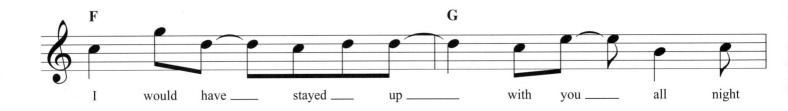

I would have ____ stayed ____ up _____ with you ____ all night

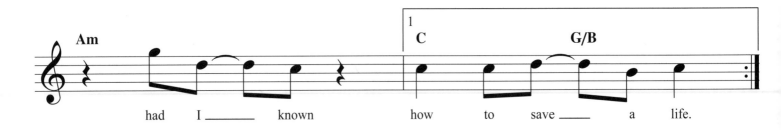

had I _____ known how to save ____ a life.

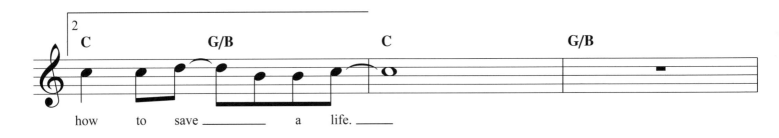

how to save _____ a life. _____

How to save _____ a life. _____

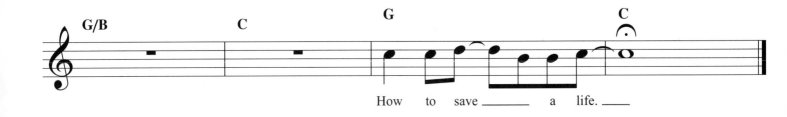

How to save _____ a life. _____

HOW YOU REMIND ME

Words by CHAD KROEGER
Music by NICKELBACK

Moderately slow

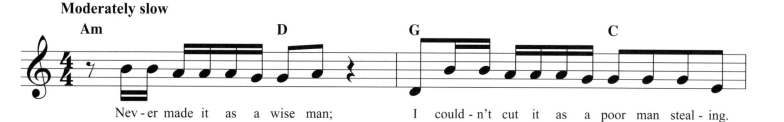

Nev-er made it as a wise man; I could-n't cut it as a poor man steal-ing.

Tired of liv-ing like a blind man; I'm sick of sight with-out a sense of feel-ing,

and this is how you re-mind _____ me.

This is how you re-mind _____ me of what I real-ly am.

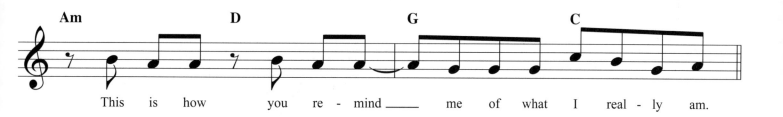

This is how you re-mind _____ me of what I real-ly am.

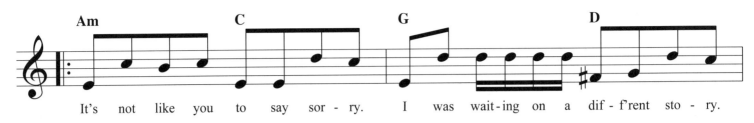

It's not like you to say sor - ry. I was wait-ing on a dif - f'rent sto - ry.

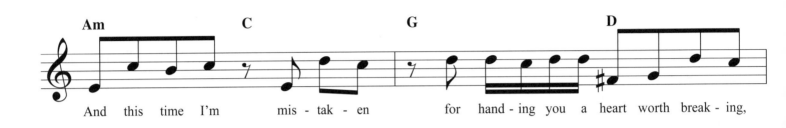

And this time I'm mis - tak - en for hand - ing you a heart worth break - ing,

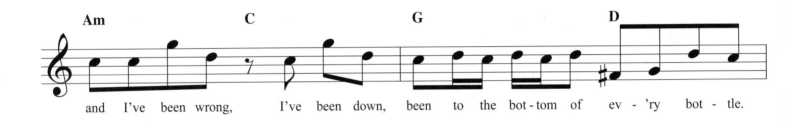

and I've been wrong, I've been down, been to the bot - tom of ev - 'ry bot - tle.

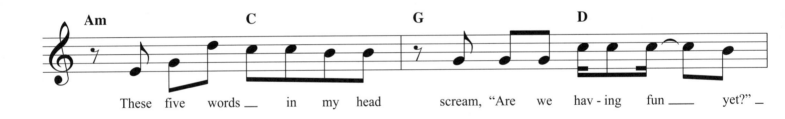

These five words ___ in my head scream, "Are we hav - ing fun ___ yet?" ___

___ Yet, ___ yet, ___ yet, ___ no no.

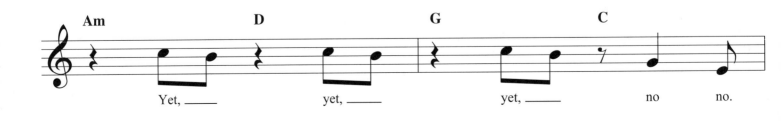

Yet, ___ yet, ___ yet, ___ no no.

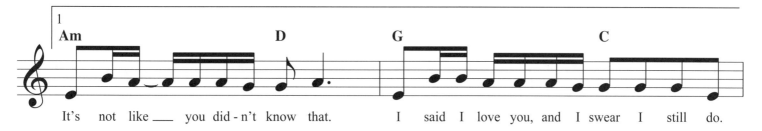

It's not like __ you did - n't know that. I said I love you, and I swear I still do.

And it must __ have been so bad, 'cause liv - ing with him must have damn near killed you,

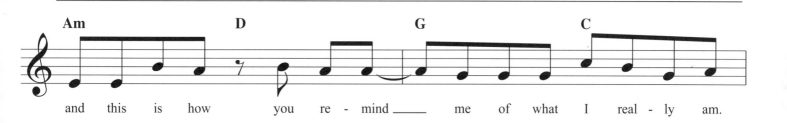

and this is how you re - mind __ me of what I real - ly am.

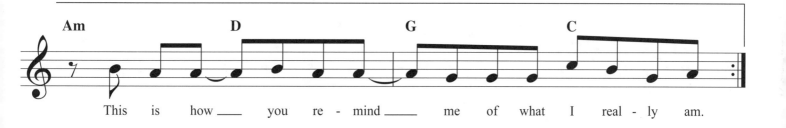

This is how __ you re - mind __ me of what I real - ly am.

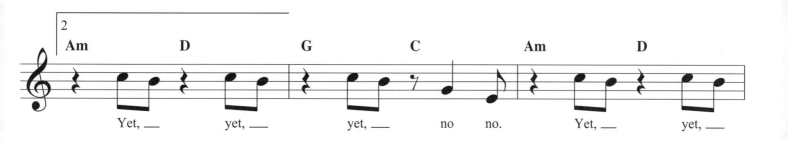

Yet, __ yet, __ yet, __ no no. Yet, __ yet, __

yet, __ no no. Nev - er made it as a wise man;

I could-n't cut it as a poor man steal - ing, and this is how you re - mind __

__ me. This is how you re - mind __

__ me. This is how you re - mind __

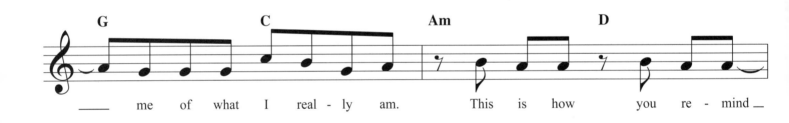

__ me of what I real - ly am. This is how you re - mind __

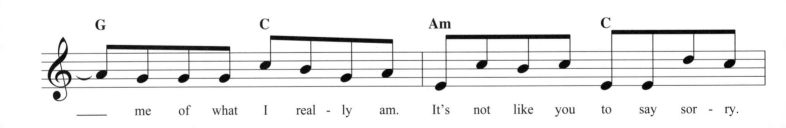

__ me of what I real - ly am. It's not like you to say sor - ry.

I was wait - ing on a dif - f'rent sto - ry, and this time I'm mis - tak - en

for hand - ing you a heart worth break - ing. And I've been wrong, I've been down,

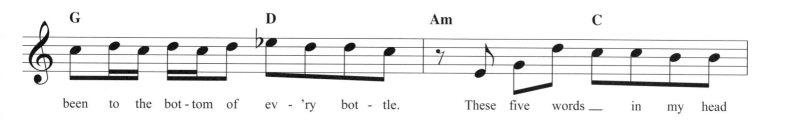

been to the bot - tom of ev - 'ry bot - tle. These five words __ in my head

scream, "Are we hav - ing fun __ yet?" __ Yet, __ yet, __

are we hav - ing fun __ yet? __ Yet, __ yet, __

are we hav - ing fun __ yet? __ Yet, __ yet, __

are we hav - ing fun __ yet? __ Yet, __ yet? __

HUNGRY EYES
from the Vestron Motion Picture DIRTY DANCING

Words and Music by FRANKE PREVITE
and JOHN DeNICOLA

Moderately fast

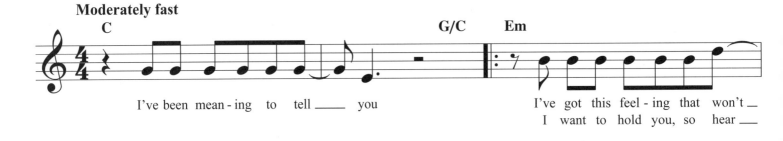

I've been mean-ing to tell ____ you   I've got this feel-ing that won't ____
                                                    I want to hold you, so hear ____

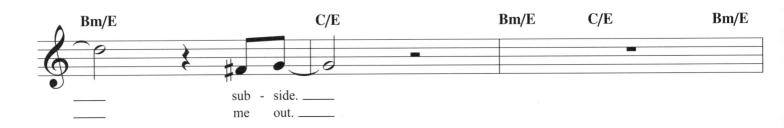

____   sub - side. ____
____   me out. ____

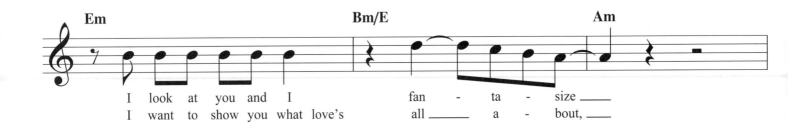

I look at you and I   fan - ta - size ____
I want to show you what love's   all ____ a - bout, ____

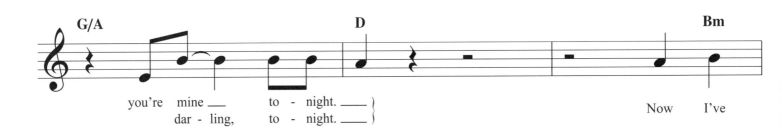

you're mine ____ to - night. ____
dar - ling, to - night. ____

Now   I've

got ____ you in ____   my ____ sights ____

with   these   hun - gry   eyes. ____

I WANT TO HOLD YOUR HAND

Words and Music by JOHN LENNON
and PAUL McCARTNEY

Moderately fast

Oh yeah, I'll _____ tell you some - thing   I think you'll un - der -
please _____ say to me _____   you'll let me be your

stand.   When I _____ say that some - thing,
man,   and please _____ say to me _____

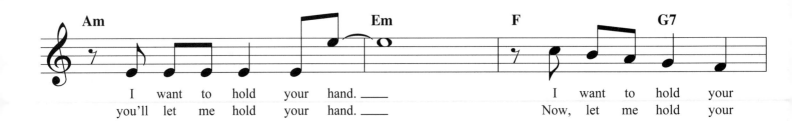

I want to hold your hand. ____   I want to hold your
you'll let me hold your hand. ____   Now, let me hold your

hand, _____   I want to hold your hand.   Oh, ___
hand, _____

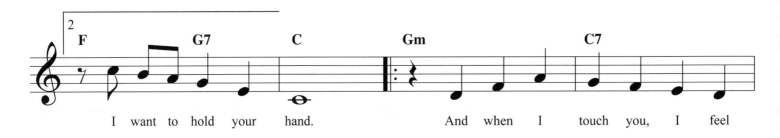

I want to hold your hand.   And when I touch you, I feel

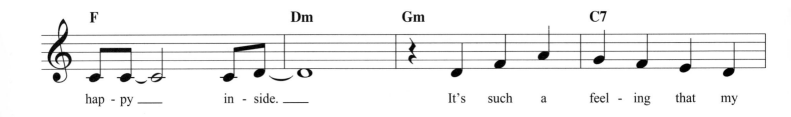

hap - py ___ in - side. ___   It's such a feel - ing that my

love   I can't hide, ____   I can't hide, ____   I can't hide. _

_____   Yeah,   you _____   got that

some - thing,   I think you'll un - der - stand.   When

I _____ { say / feel } that some - thing,   I want to hold your hand, _

__   I want to hold your   hand, _____

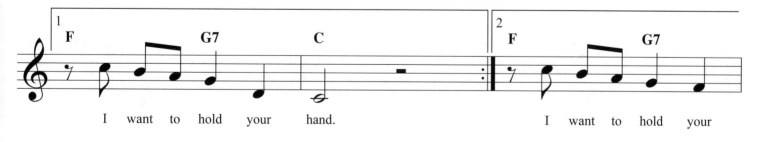

1. I want to hold your hand.   2. I want to hold your

hand.   I want to hold your   hand. _____

I WANT TO KNOW WHAT LOVE IS

Words and Music by
MICK JONES

I've got-ta take a lit-tle time, _____ a lit-tle

time to think _ things o - ver.

I bet-ter read be-tween _ the lines, _____ in case I

need it when _ I'm old - er. _____

Now, this moun-tain I _____ must climb _____ feels like the
I'm gon-na take a lit - tle time, _____ a lit-tle

world up-on _____ my shoul - ders.
time to look _ a-round _____ me.

Through the clouds I see love
I've got no-where left to

I WANT YOU TO WANT ME

Words and Music by
RICK NIELSEN

Brightly, in 2

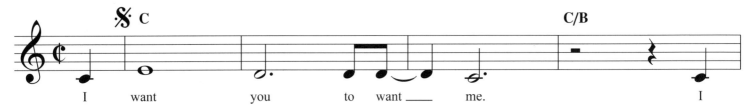

I want you to want ___ me. I

need you to need ___ me. I'd

love you to love ___ me. I'm

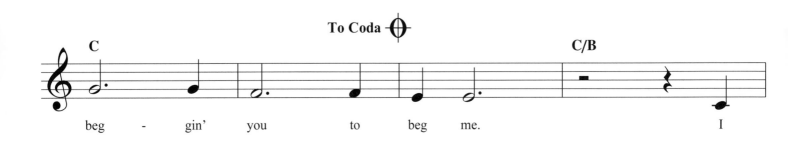

beg - gin' you to beg me. I

want you to want ___ me. I

need   you   to   need ____   me.   I'd

love   you   to   love ____   me.   I'll

shine up my old brown shoes.   I'll put on a brand - new shirt. ____   I'll

get home ear - ly from work ____   if you say   that you love ___

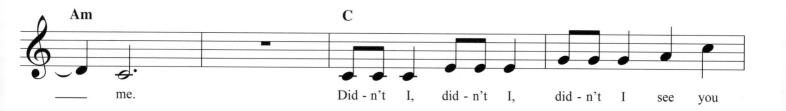

____   me.   Did - n't I, did - n't I, did - n't I see you

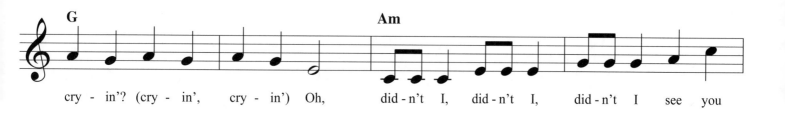

cry - in'? (cry - in', cry - in') Oh, did - n't I, did - n't I, did - n't I see you

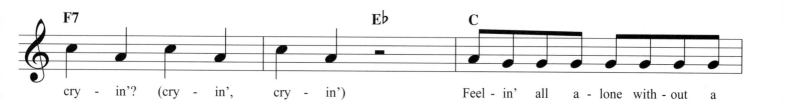

cry - in'? (cry - in', cry - in')   Feel - in' all a - lone with - out a

142

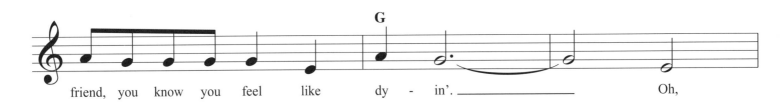

friend, you know you feel like dy - in'. _____ Oh,

D.S. al Coda

did-n't I, did-n't I, did-n't I see you cry-in'? (cry-in', cry-in') I

CODA

beg me. I'll shine up my old brown shoes. I'll put on a brand-new

shirt. ___ I'll get home ear-ly from work ___ if you say

that you love ___ me. Did-n't I, did-n't I,

did-n't I see you cry-in'? (cry-in', cry-in') Oh, did-n't I, did-n't I,

did-n't I see you cry-in'? (cry-in', cry-in') Feel-in' all a-lone with-out a

friend, you know you feel like dy - in'. (dy - in', dy - in') Oh,

did - n't I, did - n't I, did - n't I see you cry - in'? (cry - in',

cry - in') I want you to want _____ me.

I need you to need _____ me.

I'd love you to love _____ me.

I'm beg - gin' you to beg me.

I want you to want _____ me.

IF YOU LEAVE ME NOW

Words and Music by
PETER CETERA

Moderately slow

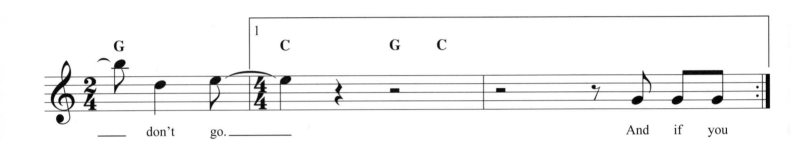

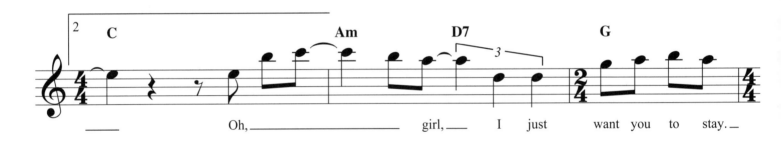

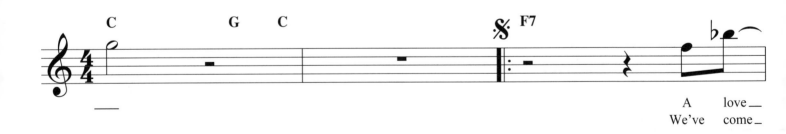

I FEEL THE EARTH MOVE

Words and Music by
CAROLE KING

Moderate Rock

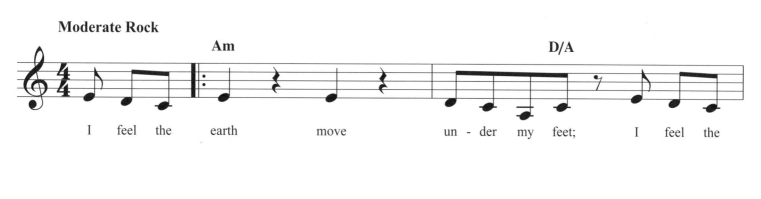

I feel the earth move un - der my feet; I feel the

sky __ tum - bl - in' down. __ I feel my heart start to trem - bl - in' __

__ when - ev - er __ you're a - round. _____ Ooh, __ ba -

- by, __ when I see __ your face, _____ mel - low as the month of __ May, __

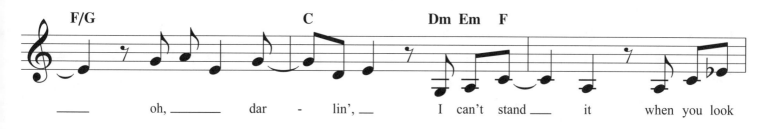

_____ oh, __ dar - lin', __ I can't stand __ it when you look

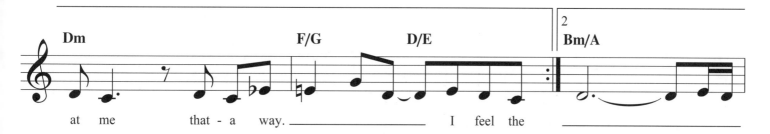

at me that - a way. _____ I feel the

Ooh, __ dar - lin', __ when you're near __
__ me __ and you ten - der - ly call my __ name, __
__ I __ know __ that __ my e - mo - tions are some -
thing I just __ can't tame. __ I've just got to have __ you, __
ba - by. __ Ah, ah, __ ah, ah, ah, __ ah, yeah! __

__ I feel the earth move un - der my feet; I feel the
sky __ tum - bl - in' down, a - tum - bl - in' down. __ I feel the

IF YOU LOVE SOMEBODY SET THEM FREE

Music and Lyrics by
STING

Free, free, set ____ them free. __ __ them free. __ If you need __

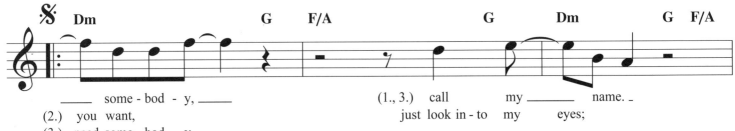

__ some-bod-y, __ (1., 3.) call my __ name. __
(2.) you want, just look in-to my eyes;
(3.) need some-bod-y, __

If you want __ some-one, you can do
or a whip-ping boy, some-one to

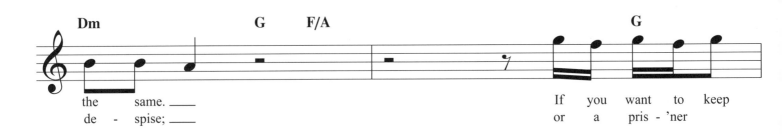

the same. __ If you want to keep
de-spise; __ or a pris-'ner

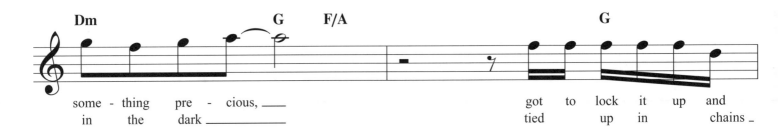

some-thing pre-cious, __ got to lock it up and
in the dark __ tied up in chains _

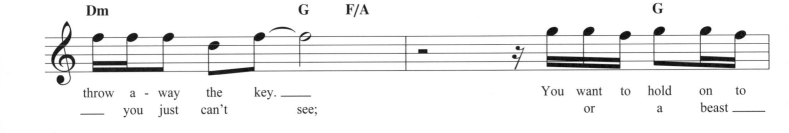

throw a-way the key. __ You want to hold on to
__ you just can't see; or a beast __

your pos - ses - sion; ___   don't e - ven think a - bout me.
___ in a gild - ed cage;   that's all some peo - ple ev - er want to be.

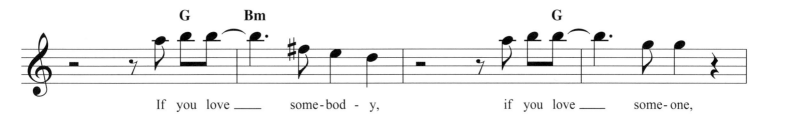

If you love ___ some-bod - y,   if you love ___ some- one,

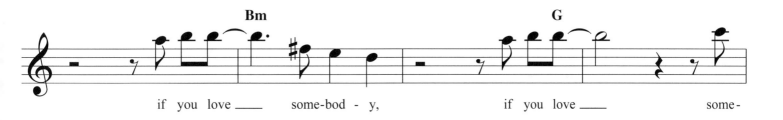

if you love ___ some-bod - y,   if you love ___ some-

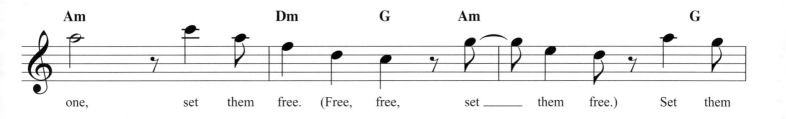

one,   set them free. (Free, free,   set ___ them free.) Set them

free. (Free, free,   set ___ them free.) Set them free. (Free, free,   set ___

___ them free.) Set them free. (Free, free,   set ___ them free.) If it's a mir-ror

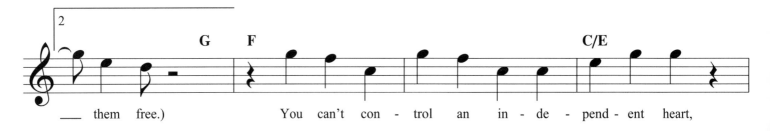

_____ them free.) You can't con - trol an in - de - pend - ent heart,

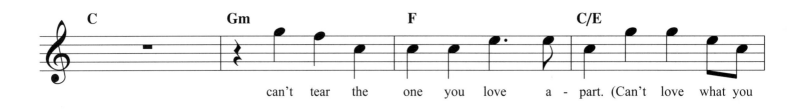

can't tear the one you love a - part. (Can't love what you

can't keep.) For - ev - er con - di - tioned to be - lieve that we can't live, we can't

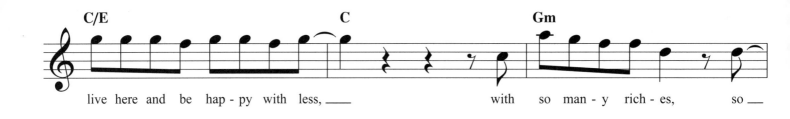

live here and be hap - py with less, _____ with so man - y rich - es, so _____

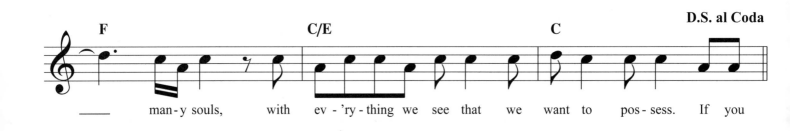

_____ man - y souls, with ev - 'ry - thing we see that we want to pos - sess. If you

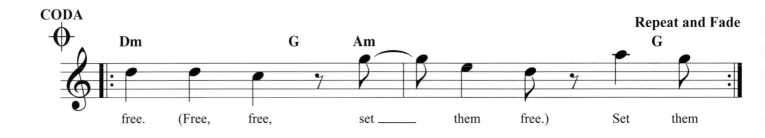

free. (Free, free, set _____ them free.) Set them

KISS FROM A ROSE

Words and Music by
SEAL SAMUEL

Flowing

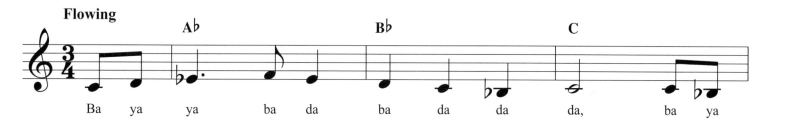

Ba ya ya ba da ba da da da, ba ya

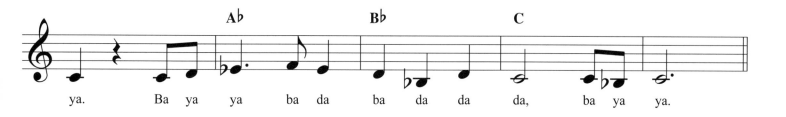

ya. Ba ya ya ba da ba da da da, ba ya ya.

There _____ used to be a gray - ing tow - er a - lone ___

____ on the sea, ____ and you _____ be - came the

light on the dark ____ side of me. ____ And love _____ re -

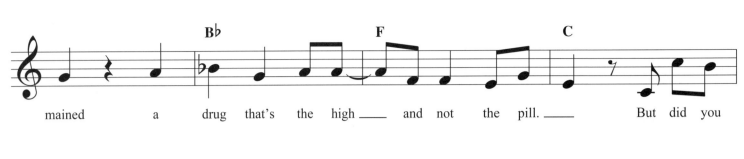
154

mained a drug that's the high ___ and not the pill. ___ But did you

know that when it snows, my eyes be-come large and the

light that you shine can't be seen. Ba -

by, ___ I com-pare you to a kiss from a rose ___ on the gray.

Ooh, ___ the more I get of you, the strang - er it feels, ___

___ a - yeah. ___ And now that your rose is in bloom, ___

To Coda

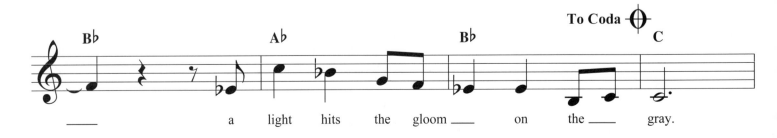

___ a light hits the gloom ___ on the ___ gray.

Ba ya ya ba da ba da da da, ba ya

ya. There _____ is so much a man can tell you, so much __

_____ he can say. _____ You _____ re - main my

pow - er, my pleas - ure, my pain. Ba -

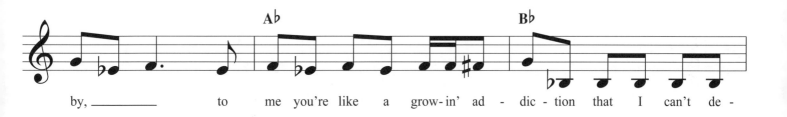

by, _____ to me you're like a grow-in' ad - dic - tion that I can't de -

ny. Won't you tell me, is that health - y, babe?

D.S. al Coda

But did you

CODA

gray.

INVISIBLE TOUCH

Words and Music by ANTHONY GEORGE BANKS,
PHIL COLLINS and MICHAEL RUTHERFORD

Well, I've been wait - ing,
Well, I don't real - ly know her;   I
She don't like los - ing;   to

wait - ing here __ so long, _____
on - ly know __ her name. _____   but think - ing
her it's still __ a game. _____   Ooh, but she crawls
And though she will

noth - ing   noth - ing could __ go wrong. _____   But
un - der your skin;   you're nev - er quite the same. __   And
mess up your life,   you'll want her just the same. __   And

now I know _____   she has a built - in a - bil - i - ty _____
now I know _____   she's got some - thing you just can't trust. _____
now I know _____   she has a built - in a - bil - i - ty _____

to take ev - 'ry - thing she sees. _____
It's some - thing mys - ter - i - ous. _____
to take ev - 'ry - thing she sees. _____

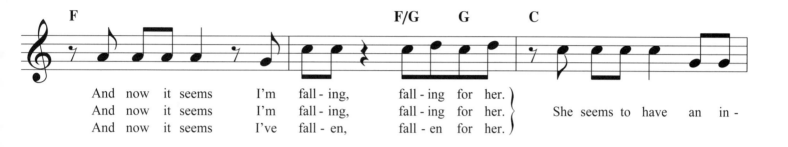

And now it seems I'm fall - ing, fall - ing for her.
And now it seems I'm fall - ing, fall - ing for her.
And now it seems I've fall - en, fall - en for her. She seems to have an in -

vis - i - ble touch, yeah. She reach - es in ___ and grabs right hold of your heart.

She seems to have an in - vis - i - ble touch, yeah. It takes con - trol ___ and

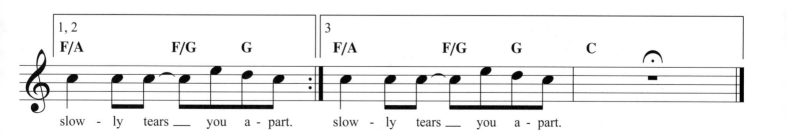

slow - ly tears ___ you a - part. slow - ly tears ___ you a - part.

KARMA POLICE

Words and Music by THOMAS YORKE,
JONATHAN GREENWOOD, COLIN GREENWOOD,
EDWARD O'BRIEN and PHILIP SELWAY

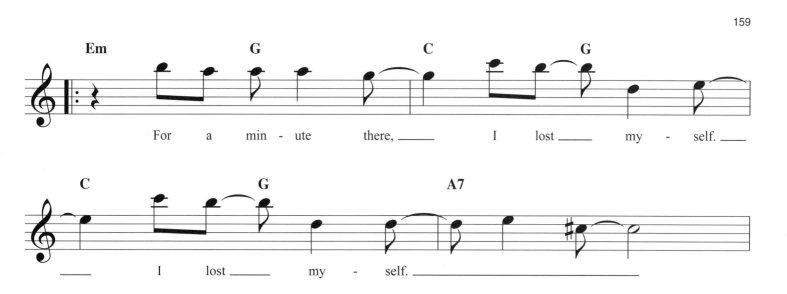

For a min - ute there, _____ I lost _____ my - self. _____

_____ I lost _____ my - self. _____

Phew, for a min - ute there, _____ I lost _____ my - self. _____

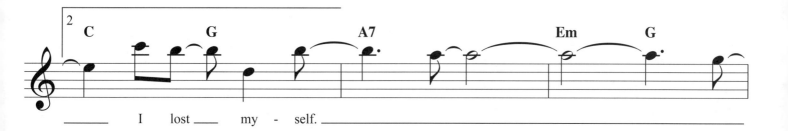

_____ I lost _____ my - self. _____

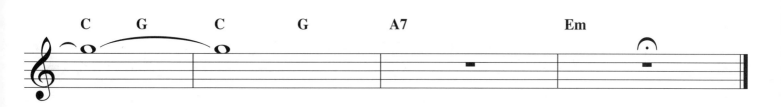

_____ I lost _____ my - self. _____

Additional Lyrics

2. Karma police, arrest this girl.
   Her Hitler hairdo is making me feel ill,
   And we have crashed her party.

3. Karma police, I've given all I can.
   It's not enough. I've given all I can,
   But we're still on the payroll.

KISS ON MY LIST

Words and Music by JANNA ALLEN
and DARYL HALL

Moderately

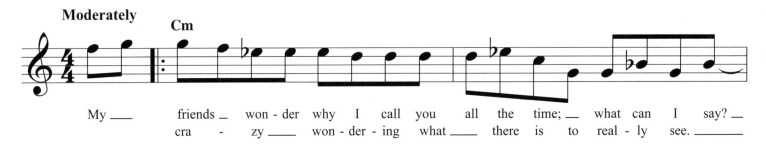

My ___ friends ___ won-der why I call you all the time; ___ what can I say? ___
cra - zy ___ won-der-ing what ___ there is to real-ly see. ___

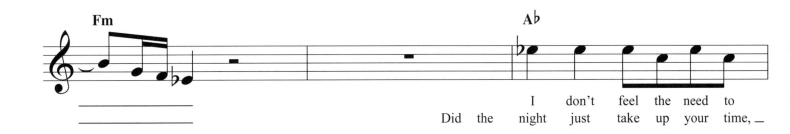

I don't feel the need to
Did the night just take up your time, ___

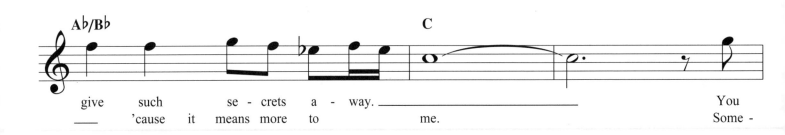

give such se-crets a - way. ___ You
___ 'cause it means more to me. Some -

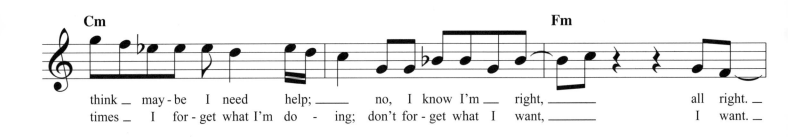

think ___ may-be I need help; ___ no, I know I'm ___ right, ___ all right. ___
times ___ I for-get what I'm do - ing; don't for-get what I want, ___ I want.

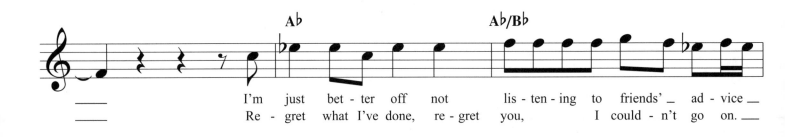

___ I'm just bet-ter off not lis-ten-ing to friends' ___ ad - vice.
___ Re - gret what I've done, re-gret you, I could - n't go on. ___

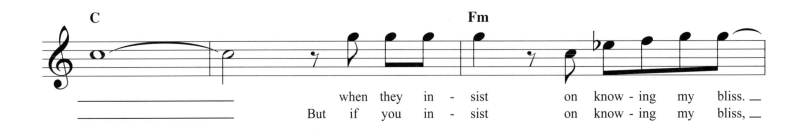

when they in - sist on know-ing my bliss.
But if you in - sist on know-ing my bliss,

LIFE IS A HIGHWAY

Words and Music by
TOM COCHRANE

LIVIN' ON A PRAYER

Words and Music by JON BON JOVI,
DESMOND CHILD and RICHIE SAMBORA

Moderate Rock

Tom - my used to work on the docks. _____ Un - ion's been on strike, he's
Tom - my's got his six - string in hock, _____ now he's hold - ing in what he

down on his luck. It's tough, _____ so tough. _
used to make it talk. So tough, _____ it's tough. _

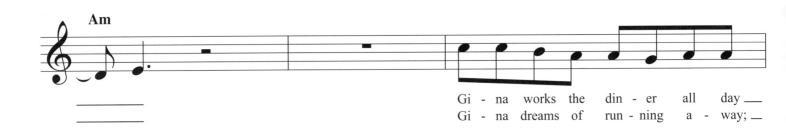

_____ Gi - na works the din - er all day _
_____ Gi - na dreams of run - ning a - way;

_____ work - ing for her man. She brings home her pay, for
_____ when she cries in the night, Tom - my whis - pers: Ba - by, it's

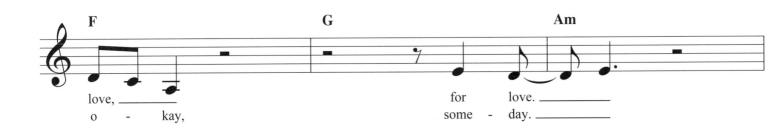

love, _____ for love. _____
o - kay, some - day. _____

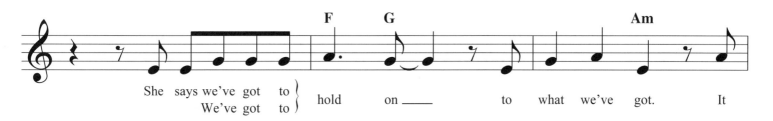

She says we've got to / We've got to } hold on _____ to what we've got. It

does-n't make a dif-f'rence if we make it or not. We've got each oth - er and

that's a lot for _____ love. _____ We'll give it a shot.

Whoa, _____ we're half - way there. _____ Whoa, _____ liv -

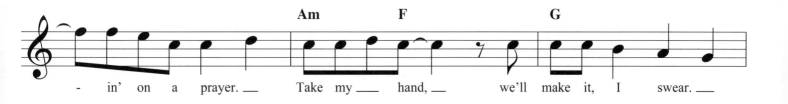

- in' on a prayer. ___ Take my ___ hand, ___ we'll make it, I swear. ___

Whoa, _____ liv - in' on a prayer. ___

Liv - in' on ___ a prayer. _____ *(Instrumental)*

Oh, _____ we've got to hold _____ on, _____

read - y or _____ not, you live for the fight when it's

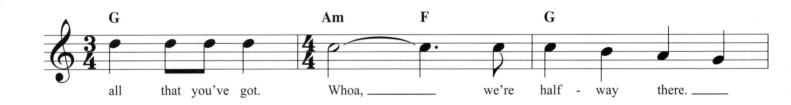

all that you've got. Whoa, _____ we're half - way there. _____

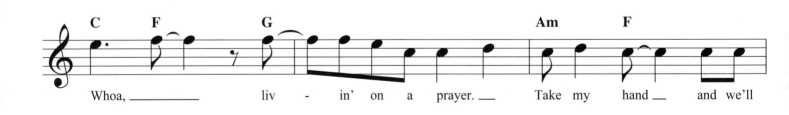

Whoa, _____ liv - in' on a prayer. _____ Take my hand _____ and we'll

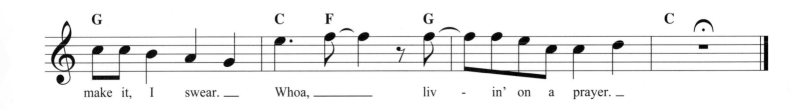

make it, I swear. _____ Whoa, _____ liv - in' on a prayer. _____

LIKE A PRAYER

Words and Music by PATRICK LEONARD
and MADONNA CICCONE

Moderate Dance groove

Life is a mys - ter - y. ____ Ev - 'ry - one must stand a - lone. ____

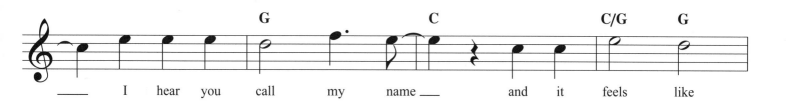

____ I hear you call my name ____ and it feels like

home. ____

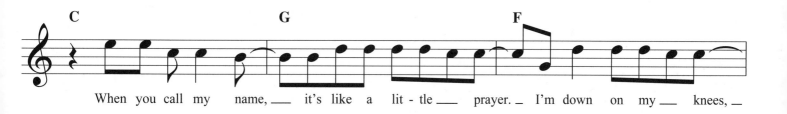

When you call my name, ___ it's like a lit - tle ___ prayer. _ I'm down on my ___ knees, ___

____ I wan - na take you there. In the mid - night _ hour, ___ I can feel ___ your pow'r ___

____ just like a ____ prayer. ____ You know I'll take you

THE LIVING YEARS

Words and Music by MICHAEL RUTHERFORD
and B.A. ROBERTSON

Moderately

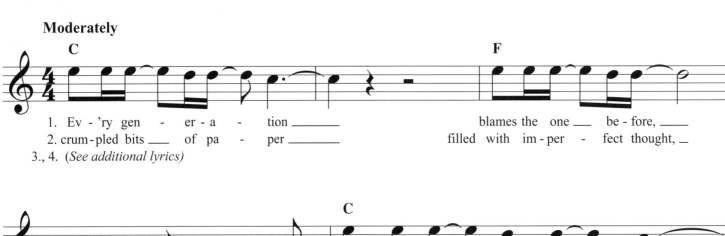

1. Ev - 'ry gen - er - a - tion _____ blames the one ___ be - fore, ___
2. crum - pled bits ___ of pa - per _____ filled with im - per - fect thought, ___
3., 4. (*See additional lyrics*)

and all of their ___ frus - tra - tions _____ tions _____
stilt - ed con - ver - sa - tions, _____

come beat - ing on ___ your door. ___ I
I'm a - fraid that's all ___ we've got. ___ You

know that I'm ___ a pris - 'ner to all my fa - ther held ___ so dear, I
say you just ___ don't see ___ it, he says it's per - fect sense. You

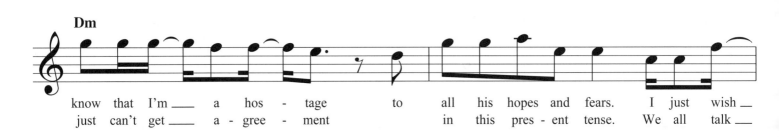

know that I'm ___ a hos - tage to all his hopes and fears. I just wish
just can't get ___ a - gree - ment in this pres - ent tense. We all talk

To Coda

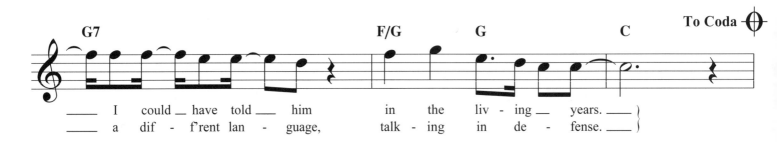

___ I could ___ have told ___ him in the liv - ing ___ years. ___ }
___ a dif - f'rent lan - guage, talk - ing in de - fense. ___ }

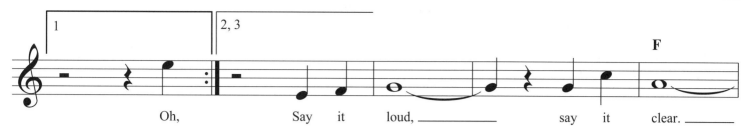

Oh, Say it loud, _____ say it clear. _____

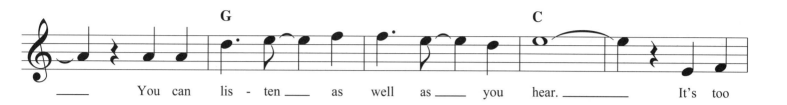

_____ You can lis - ten _____ as well as _____ you hear. _____ It's too

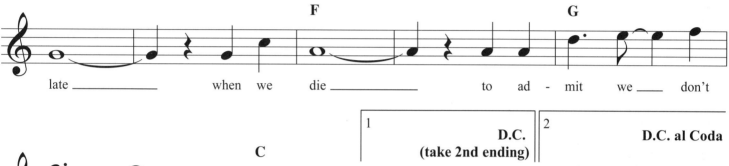

late _____ when we die _____ to ad - mit we _____ don't

see eye _____ to eye. _____ So we _____ I

CODA

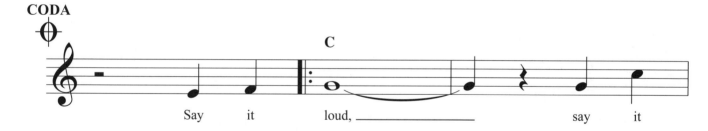

Say it loud, _____ say it

clear. _____ Say it loud.

Additional Lyrics

3. So we open up a quarrel
Between the present and the past.
We only sacrifice the future.
It's the bitterness that lasts.
So don't yield to the fortunes
You sometimes see as fate.
It may have a new perspective
On a different day.
And if you don't give up and don't give in,
You may just be okay.

4. I wasn't there that morning
When my father passed away.
I didn't get to tell him
All the things I had to say.
I think I caught his spirit
Later that same year.
I'm sure I heard his echo
In my baby's newborn tears.
I just wish I could have told him
In the living years.

LOSING MY RELIGION

Words and Music by WILLIAM BERRY,
PETER BUCK, MICHAEL MILLS
and MICHAEL STIPE

1. Oh, _____ life _____ is big - ger.
3. *(See additional lyrics)*

It's big - ger _____ than you, _____ and you _____ are not _____ me. The

lengths that I will go _____ to, the dis - tance in _____ your eyes. _____

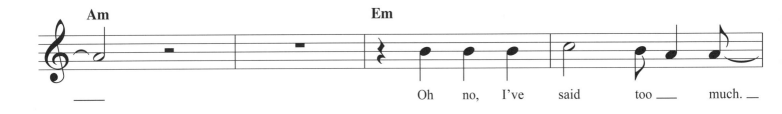

_____ Oh no, I've said too _____ much. _____

_____ I set it _____ up. _____

2. That's me in the cor - ner.
4. *(See additional lyrics)*

That's me in the spot -

- light los - ing my re - li - gion, try - ing to keep __

__ up __ with you, __ and I don't __ know if I can do

it. Oh no, I've said too __ much. __ I

have - n't said __ e - nough. __ I thought that I heard you laugh -

Chorus

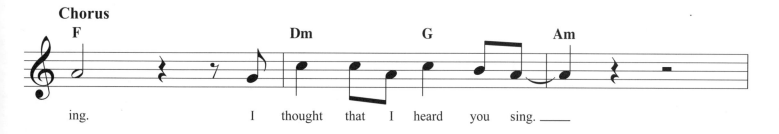

ing. I thought that I heard you sing. __

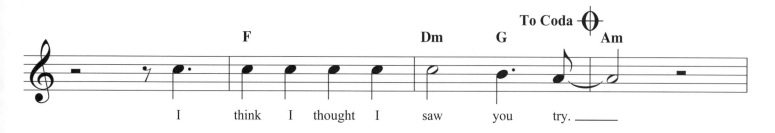

I think I thought I saw you try. __

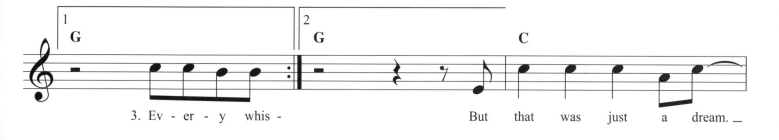

3. Ev - er - y whis - But that was just a dream. __

That was just a dream. ___ That's me in the cor -

But that was just a dream. ___

Try. ___ Cry. ___ Why? ___ Try. ___

That was just a dream, ___ just a dream, ___

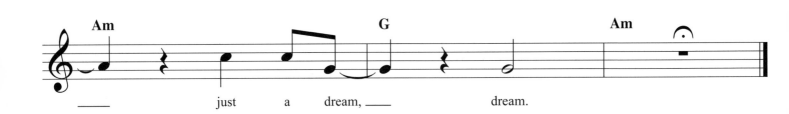

just a dream, ___ dream.

Additional Lyrics

3. Every whisper of ev'ry waking hour,
   I'm choosing my confessions,
   Trying to keep an eye on you like a hurt, lost and blinded fool.
   Oh no, I've said too much. I set it up.

4. Consider this, consider this the hint of the century.
   Consider this: the slip that brought me to my knees failed.
   What if all these fantasies come flailing around?
   And now I've said too much.
   Chorus

LOVE IS A BATTLEFIELD

Words and Music by MIKE CHAPMAN
and HOLLY KNIGHT

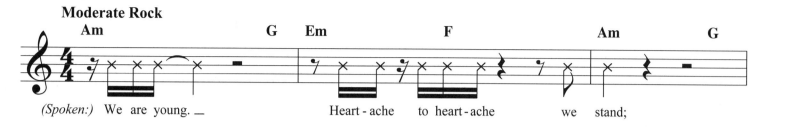

(Spoken:) We are young. ___ Heart-ache to heart-ache we stand;

no prom-is-es, no de-mands. ___ Love is a bat-tle-field.

We are ___ strong.

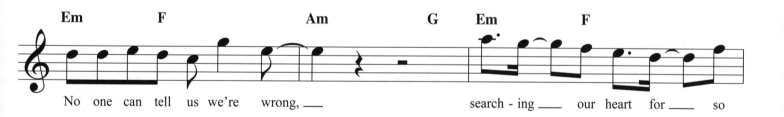

No one can tell us we're wrong, ___ search-ing ___ our heart for ___ so

long, _____ both of us ___ know-ing ___

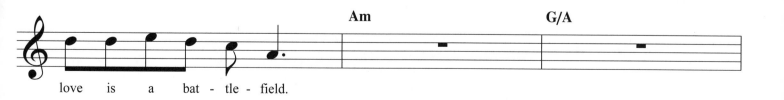

love is a bat-tle-field.

We are young. ___

Am G Em F

Heart-ache to heart-ache we stand; ___

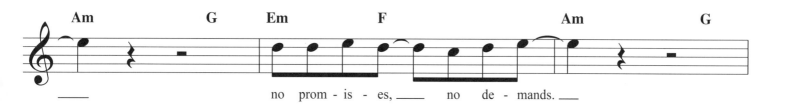

Am G Em F Am G

___ no prom-is-es, ___ no de-mands. ___

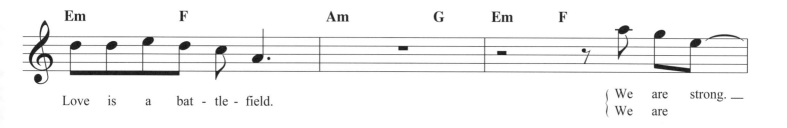

Em F Am G Em F

Love is a bat-tle-field.

{ We are strong. ___
{ We are

Am G Em F Am G

___
strong. }

No one can tell us we're wrong, ___

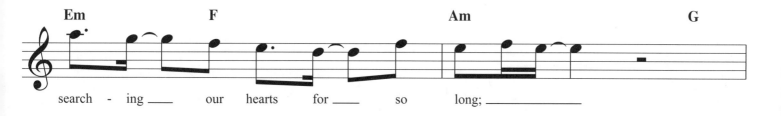

Em F Am G

search - ing ___ our hearts for ___ so long; ___

Em F To Coda

both of us ___ know-ing ___

love is a bat-tle-field.

CODA

Am G/A D.S. al Coda

When I'm

Am

LOVE SHACK

Words and Music by CATHERINE E. PIERSON,
FREDERICK W. SCHNEIDER, KEITH J. STRICKLAND
and CYNTHIA L. WILSON

Moderate Rock

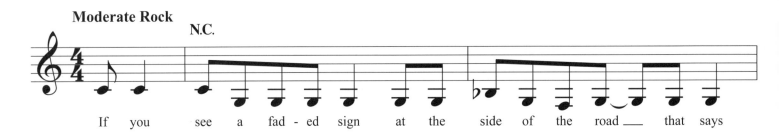

If you see a fad-ed sign at the side of the road ___ that says

"Fif-teen miles to the Love ___ Shack." ___   Love Shack, yeah, ___ yeah. ___

___   I'm head-ed down the At-lan-ta ___ High-

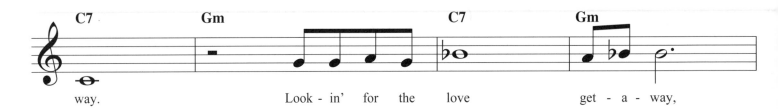

way.   Look-in' for the love get-a-way,

head-ed ___ for the love ___ get-a-way. I got me a car, ___ it's as

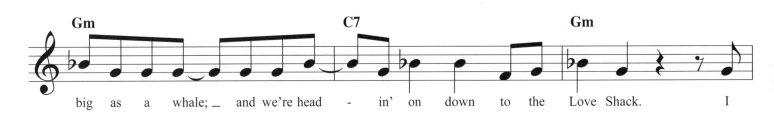

big as a whale; ___ and we're head-in' on down to the Love Shack.   I

got me a Chrys-ler, it seats a-bout twen-ty. So hur-ry up and bring your

MONY, MONY

Words and Music by BOBBY BLOOM, TOMMY JAMES,
RITCHIE CORDELL and BO GENTRY

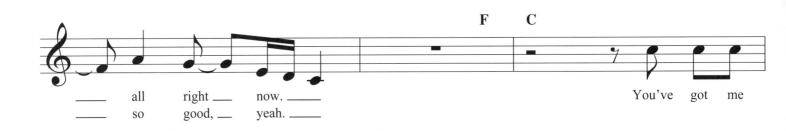

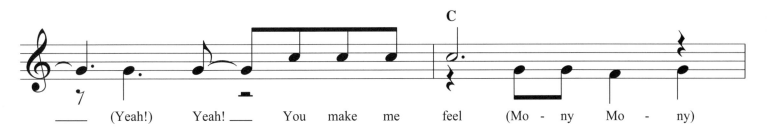

C

(Yeah!) Yeah! ___ You make me feel (Mo - ny Mo - ny)

so (Mo - ny Mo - ny) good. (Mo - ny Mo - ny) Yeah! (Mo - ny Mo - ny)

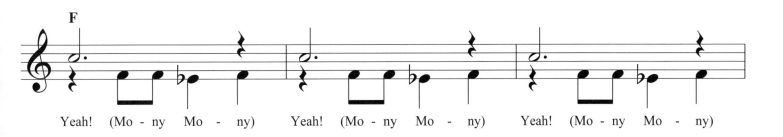

F

Yeah! (Mo - ny Mo - ny) Yeah! (Mo - ny Mo - ny) Yeah! (Mo - ny Mo - ny)

G

Yeah! (Mo - ny Mo - ny) Yeah! ___ (Yeah!) _ Yeah! ___ (Yeah!) _ Yeah! _

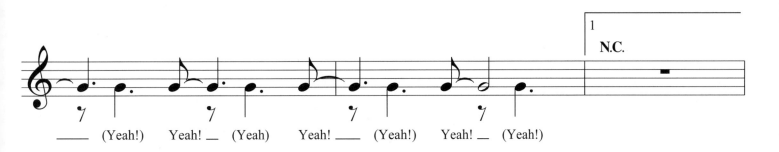

1

N.C.

___ (Yeah!) Yeah! _ (Yeah) Yeah! ___ (Yeah!) Yeah! _ (Yeah!)

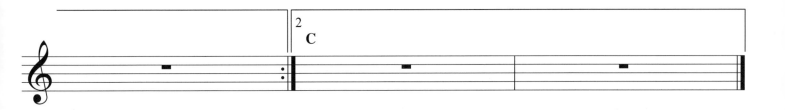

2

C

MORE THAN A FEELING

Words and Music by
TOM SCHOLZ

Moderate Rock

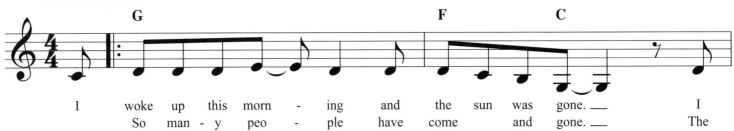

I woke up this morn - ing and the sun was gone. ___ I
So man - y peo - ple have come and gone. ___ The

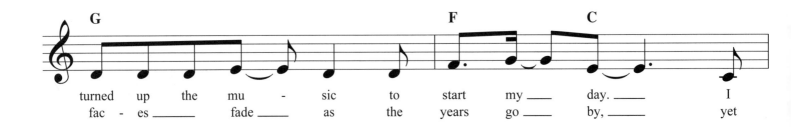

turned up the mu - sic to start my ___ day. ___ I
fac - es ___ fade ___ as the years go ___ by, ___ yet

lost my - self ___ in a fa - mil - iar song. ___ I
I still re - call ___ as I wan - der on, as

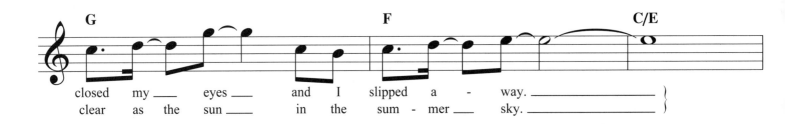

closed my ___ eyes ___ and I slipped a - way. ___
clear as the sun ___ in the sum - mer ___ sky. ___

(Instrumental)

It's more than a feel - ing ___

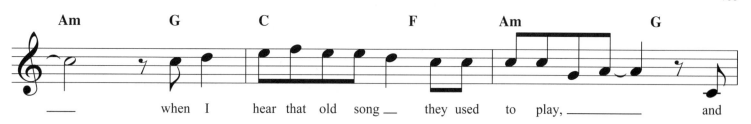

when I hear that old song ___ they used to play, _____ and

To Coda

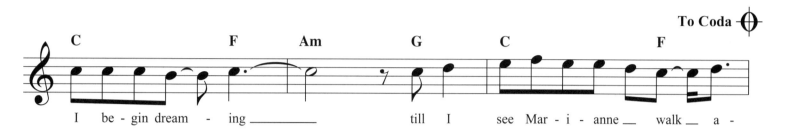

I be - gin dream - ing _____ till I see Mar - i - anne ___ walk ___ a -

way. I see my Mar - i - anne walk - in' a - way. ___

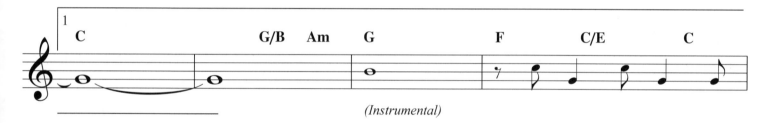

_____ (Instrumental)

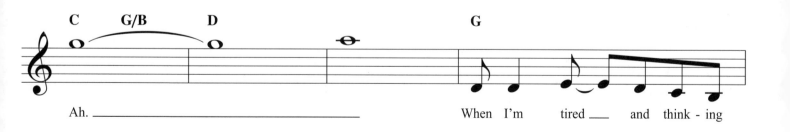

Ah. _____ When I'm tired ___ and think - ing

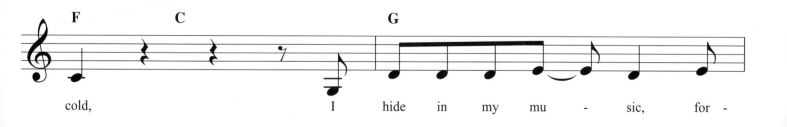

cold, I hide in my mu - sic, for -

get the ___ day ___ and dream of a girl ___ I

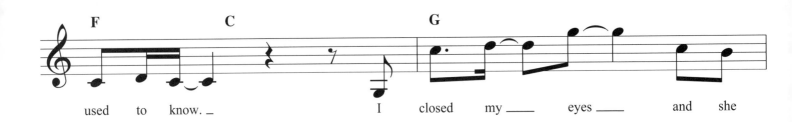

used to know. ___ I closed my ___ eyes ___ and she

slipped a - way. ___

She slipped a - way. ___

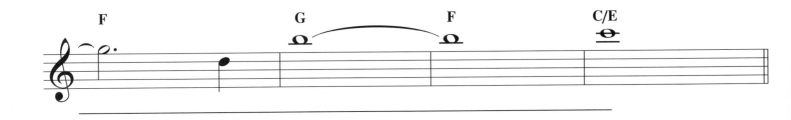

(Instrumental)

D.S. al Coda

CODA

way. ___

NO MATTER WHAT

Written by PETER HAM

Medium Power Rock

No mat-ter what you are, ___ I ___ will al-ways be with

you. Does-n't mat-ter what you do, ___ girl. ___

Ooh, ___ girl, ___ want you. ___ No mat-ter where you

go, ___ I ___ will al-ways be a-round.

Won't you tell me what you found, ___ girl? ___ Ooh, ___ girl, ___ want

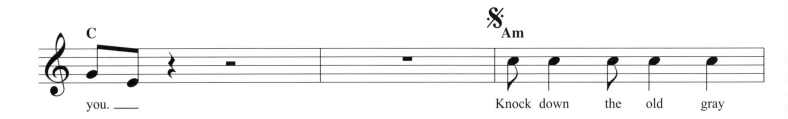

you. ___ Knock down the old gray

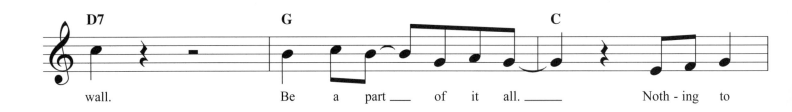

wall. Be a part ___ of it all. ___ Noth - ing to

say, noth - ing to see, ___ noth - ing to do. ___

If you would give me all, ___ as

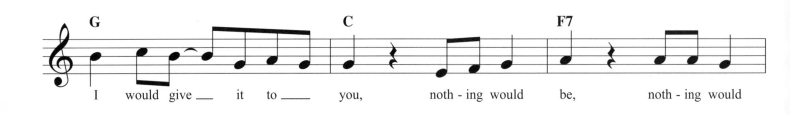

I would give ___ it to ___ you, noth - ing would be, noth - ing would

be, ___ noth - ing would be. ___

No mat - ter where you
No mat - ter what you

189

go, _____ there _____ will al - ways be a
are, _____ I _____ will al - ways be with

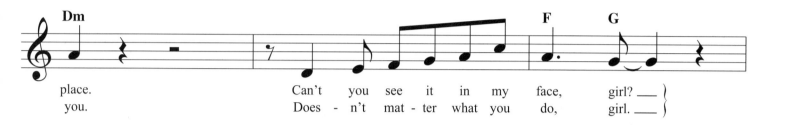

place. Can't you see it in my face, girl? ___
you. Does - n't mat - ter what you do, girl. ___

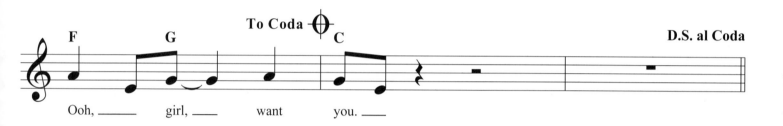

Ooh, _____ girl, _____ want you. _____

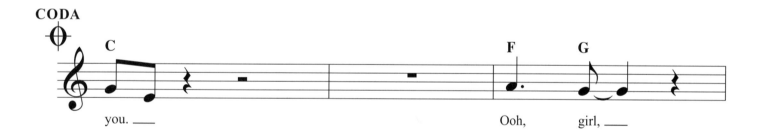

you. _____ Ooh, girl, ___

you, _____ girl, _____ want you. _____

Ooh, girl, ___ you, ___ girl, ___ want you. __

MY LOVE

Words and Music by PAUL McCARTNEY
and LINDA McCARTNEY

Slowly

And when I go a - way___ I know my heart can stay___ with my
And when the cup-board's bare___ I'll still find some-thing there___ with my
Don't ev - er ask me why___ I nev - er say good-bye___ to my

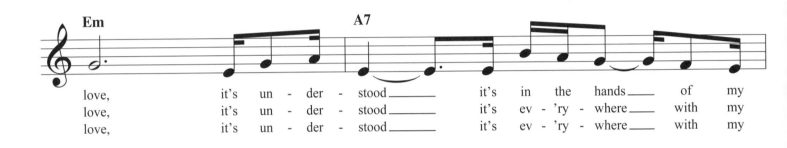

love, it's un - der - stood____ it's in the hands___ of my
love, it's un - der - stood____ it's ev - 'ry - where___ with my
love, it's un - der - stood____ it's ev - 'ry - where___ with my

love._____
love._____ And my love does it good, wo - wo
love._____

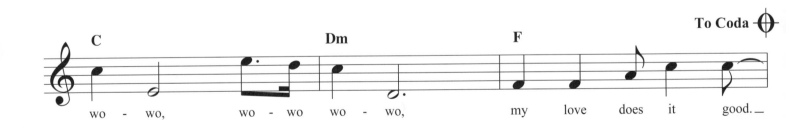

wo - wo, wo - wo wo - wo, my love does it good.___

Wo - wo___ I love,_____ oh wo___

my love,_____ on - ly my love holds the oth - er key___

___ to me. Oh wo_____ my love,_____ oh_____

my love,_____ on - ly my love does it good to_____ me._____ Wo - wo

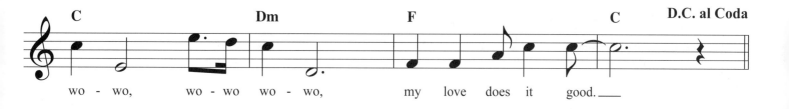

wo - wo, wo - wo wo - wo, my love does it good._____

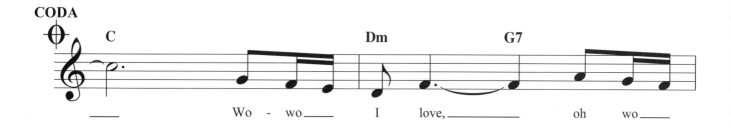

_____ Wo - wo_____ I love,_____ oh wo_____

my love,_____ on - ly my love does it good to_____

me. Wo wo wo wo wo_____ wo_____ wo.

MY SHARONA

Words and Music by DOUG FIEGER
and BERTON AVERRE

Fast Rock

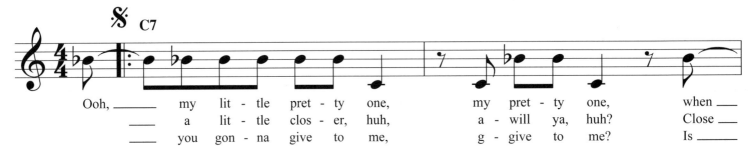

Ooh, _____ my lit - tle pret - ty one, my pret - ty one, when _____
_____ a lit - tle clos - er, huh, a - will ya, huh? Close _____
_____ you gon - na give to me, g - give to me? Is _____

_____ you gon - na give me some time, Sha - ro - na? Ooh, _____
_____ e - nough to look in my eyes, Sha - ro - na. Keep -
_____ it just a mat - ter of time, Sha - ro - na? Is _____

_____ you make my mo - tor run, my mo - tor run. Gun _____
- in' it a mys - ter - y, it gets to me. Run -
_____ it d - d - des - ti - ny, d - des - ti - ny, or

_____ it com - in' off of the line, Sha - ro - na.
- nin' down the length of my thigh, Sha - ro - na.
is it just a game in my mind, Sha - ro - na? Nev -

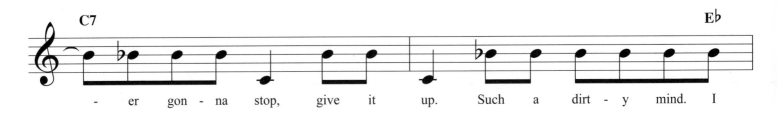

- er gon - na stop, give it up. Such a dirt - y mind. I

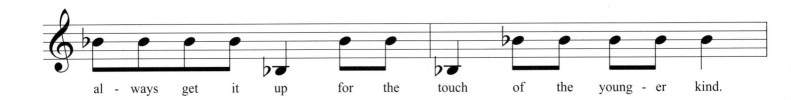

al - ways get it up for the touch of the young - er kind.

OLD TIME ROCK & ROLL

Words and Music by GEORGE JACKSON
and THOMAS E. JONES III

Moderate Rock 'n' Roll beat

Just take those old rec-ords off the shelf. ___
tan - go. _____

I'll sit and lis-ten to 'em
I'd rath - er hear some blues or

by my - self. ___
funk - y old soul.

To - day's mu - sic ain't got the same soul.
There's on - ly one sure way to get me to go;

I like that old - time ___ rock 'n' roll. ___
start play - ing old - time ___ rock 'n' roll. ___

Don't try to take me to a
Call me a re - lic. Call me

dis - co.
what you will.

You'll nev - er e - ven get me out on the floor. __
Say I'm old - fash - ioned. Say I'm o - ver the hill. ___

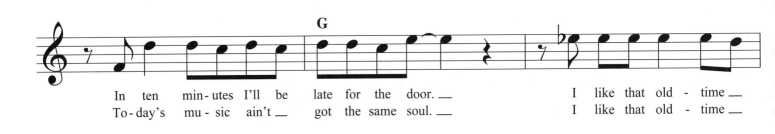

In ten min - utes I'll be late for the door. __
To - day's mu - sic ain't ___ got the same soul. ___

I like that old - time ___
I like that old - time ___

rock 'n' roll. ___
rock 'n' roll. ___

Still like that old - time ___ rock 'n' roll. ___

That kind of mu - sic just soothes my soul. ___ I rem - i - nisce a - bout the

days of old ___ with that old - time rock 'n' roll. ___

(Instrumental)

Won't go to hear 'em play a

Still like that old - time ___ rock 'n' roll. ___ That kind of mu - sic just

soothes my soul. ___ I rem - i - nisce a - bout the days of old ___

with that old - time rock 'n' roll. ___

OWNER OF A LONELY HEART

Words and Music by TREVOR RABIN,
JON ANDERSON, CHRIS SQUIRE
and TREVOR HORN

OH, PRETTY WOMAN

Words and Music by ROY ORBISON
and BILL DEES

Moderate Rock

Pret - ty wom - an yeah, yeah, yeah. _____

Pret - ty wom - an look my way, _____ pret - ty wom - an

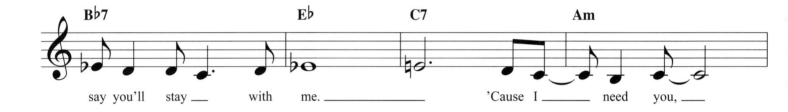

say you'll stay __ with me. _____ 'Cause I __ need you, __

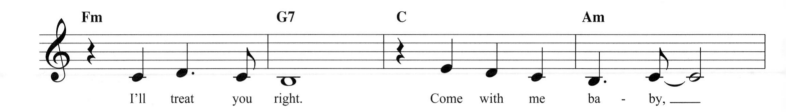

I'll treat you right. Come with me ba - by, __

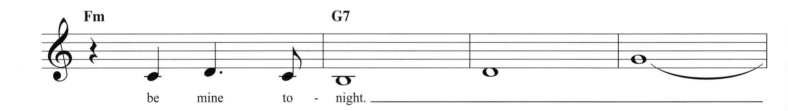

be mine to - night. _____

__ Pret - ty wom - an __ don't walk on by, __ pret - ty

wom - an __ don't make me cry, __ pret - ty wom - an __

100 YEARS

Words and Music by
JOHN ONDRASIK

I'm fif - teen _____ for a mo - ment, caught in ____ be - tween ____

____ ten and twen - ty and I'm ____ just dream - ing, ____ count - ing the ways ____

____ to where you are. _____ I'm twen - ty - two ____

____ for a mo - ment and she ____ feels bet - ter than ev - er and we're

____ on fire, _____ mak - ing our way ____ back ____ from Mars. ____

____ Fif - teen, there's ____ still time ____ for you, ____

203

time _____ to buy ____ and time ___ to lose. ____ Fif - teen, _____

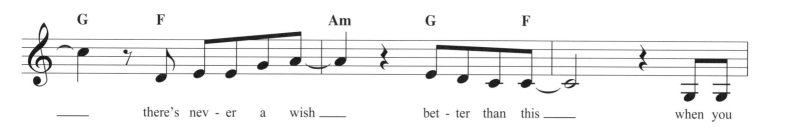

_____ there's nev - er a wish ____ bet - ter than this ____ when you

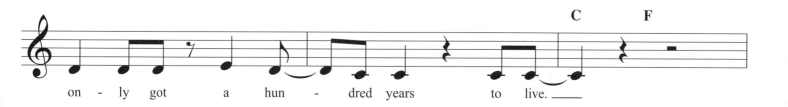

on - ly got a hun - dred years to live. ____

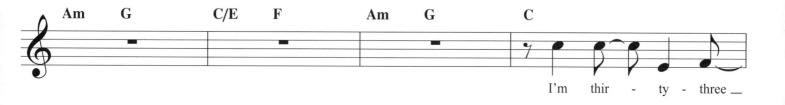

I'm thir - ty - three ___

____ for a mo-ment, I'm still ___ the man, _____ but you see I'm a they; ___

____ a kid on the way, _____ a fam - 'ly on ___ my mind. ___

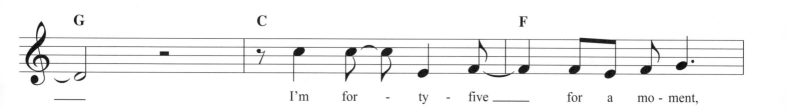

____ I'm for - ty - five ____ for a mo - ment,

the sea ___ is high ___ and I'm head-ing in-to ___ a cri - sis, ___

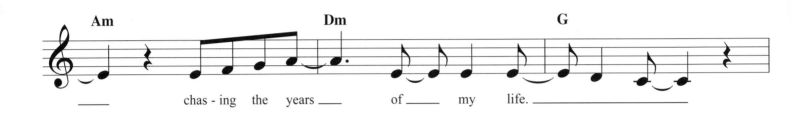

___ chas - ing the years ___ of ___ my life. ___

Fif - teen, there's ___ still time ___ for you, ___ time ___ to buy ___

___ and time ___ to lose ___ your - self ___ with - in ___ a morn - ing star.

___ Fif - teen, I'm ___

___ all right ___ with you. ___ Fif - teen, ___ there's nev - er a wish ___

___ bet - ter than this ___ when you on - ly got ___ a hun -

- dred years to live. _____ Half time goes by, _____ sud - den - ly you're wise. _

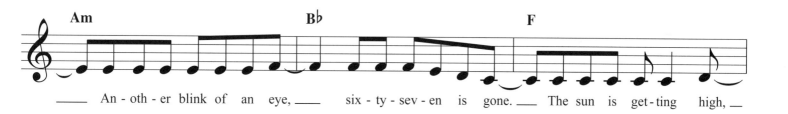

_____ An - oth - er blink of an eye, _____ six - ty - sev - en is gone. _____ The sun is get - ting high,

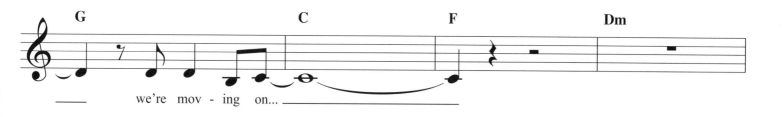

_____ we're mov - ing on... _____

I'm nine - ty - nine _____ for a mo - ment,

I'm dying _ for just _____ an - oth - er mo - ment and I'm _____ just dream - ing, _____

_____ count - ing the ways _____ to where you are. _____

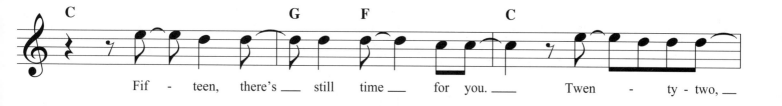

Fif - teen, there's _____ still time _____ for you. _____ Twen - ty - two, _____

_____ I feel _____ her too. _____ Thir - ty - three, _____ you're on _____ your way. _____

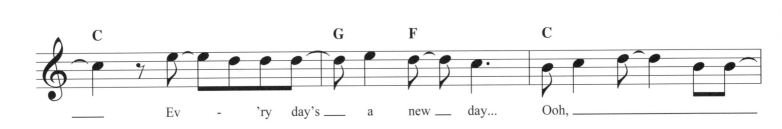

_____ Ev - 'ry day's _____ a new _____ day... Ooh, _____

_____ ooh, _____ ooh. _____

_____ Fif - teen, there's _____

_____ still time _____ for you, _____ time _____ to buy _____ and time _____ to choose. _____

_____ Hey, fif - teen, _____ there's nev - er a wish _____ bet - ter than this _____

_____ when you on - ly got _____ a hun - dred years _____ to live. _____

PARADISE

Words and Music by GUY BERRYMAN,
JON BUCKLAND, WILL CHAMPION,
CHRIS MARTIN and BRIAN ENO

PAINT IT, BLACK

Words and Music by MICK JAGGER
and KEITH RICHARDS

1. I see a red ____ door and I want ____ it paint - ed
2.–4. (See additional lyrics)

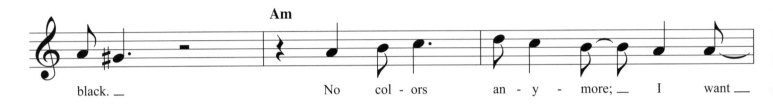

black. ____ No col - ors an - y - more; ____ I want ____

____ them to ____ turn black. ____ I see the

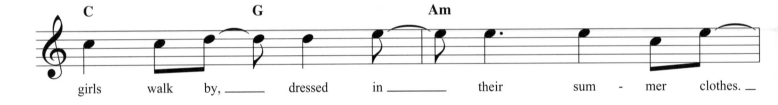

girls walk by, ____ dressed in ____ their sum - mer clothes. ____

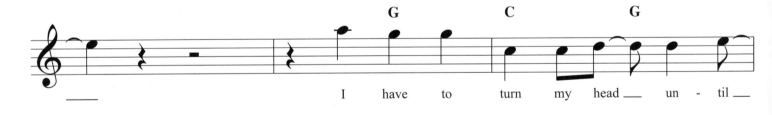

____ I have to turn my head ____ un - til ____

____ my dark - ness goes. ____

Mm. ____

Additional Lyrics

2. I see a line of cars and they're all painted black,
   With flowers and my love, both never to come back.
   I see people turn their heads and quickly look away.
   Like a newborn baby, it just happens ev'ry day.

3. I look inside myself and see my heart is black.
   I see my red door; I must have it painted black.
   Maybe then I'll fade away and not have to face the facts.
   It's not easy facing up when your whole world is black.

4. No more will my green sea go turn a deeper blue.
   I could not foresee this thing happening to you.
   If I look hard enough into the setting sun,
   My love will laugh with me before the morning comes.

PINK HOUSES

Words and Music by
JOHN MELLENCAMP

Moderate Rock

There's a   black man   with a   black   cat
young man   in a   T - shirt
peo - ple   and more   peo - ple.

liv - in'   in   a   black   neigh - bor - hood. _____   He's   got   an
lis - t'nin'   to   a   rock - in'   roll - in'   sta - tion. ____   He's   got
What   do   they   know? _____

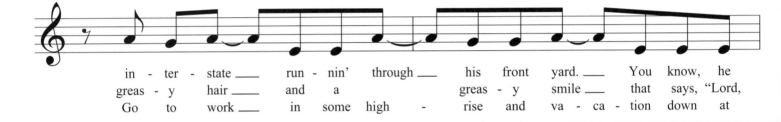

in - ter - state ____   run - nin'   through ____   his   front   yard. ____   You   know,   he
greas - y   hair ____   and   a   greas - y   smile ____   that   says,   "Lord,
Go   to   work ____   in   some   high - rise   and   va - ca - tion   down   at

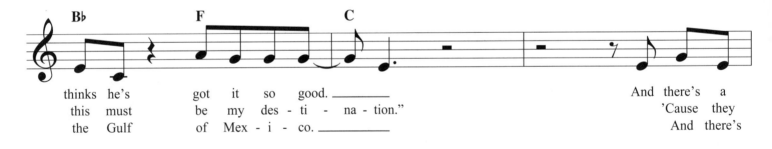

thinks   he's   got   it   so   good. _____   And   there's   a
this   must   be   my   des - ti - na - tion."   'Cause   they
the   Gulf   of   Mex - i - co. _____   And   there's

wom - an   in   the   kitch - en   clean - in'   up   the   eve - nin'   slop. __
told   me   when   I   was   young - er,   "Boy,   you   gon - na   be   Pres - i -
win - ners   and   there's   los - ers,   but   they   ain't   no   big   deal. __

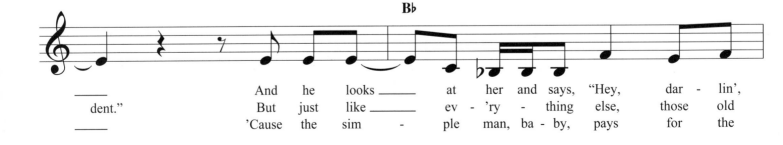

_____   And   he   looks ____   at   her   and   says,   "Hey,   dar - lin',
dent."   But   just   like ____   ev - 'ry - thing   else,   those   old
_____   'Cause   the   sim - ple   man,   ba - by,   pays   for   the

I can re-mem-ber when you could ___ stop a clock." ___
cra - zy dreams just kind - a came and went. ___
thrills, the bills, the pills that kill. ___

Oh, but ain't that A - mer - i - ca, for you and me! ___

___ Ain't that A - mer - i - ca some - thin' to see, ___

___ ba - by! Ain't that A - mer - i - ca, home of the free! ___

___ Yeah, ___ lit - tle pink hous - es for

you and me, ___ oh ___ yeah, for you and me.

There's a
Well, there's

THE POWER OF LOVE

Words and Music by JOHNNY COLLA,
CHRIS HAYES and HUEY LEWIS

Moderate Rock

The pow - er of love ___ is a cu - ri - ous thing;

make - a one man weep, make an - oth - er man sing; ___

change a hawk to a lit - tle white dove. ___ More than a feel - ing,

that's the pow - er of love. ___

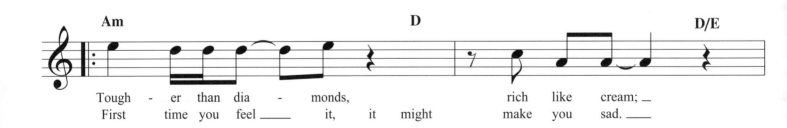

Tough - er than dia - monds, rich like cream; ___
First time you feel ___ it, it might make you sad. ___

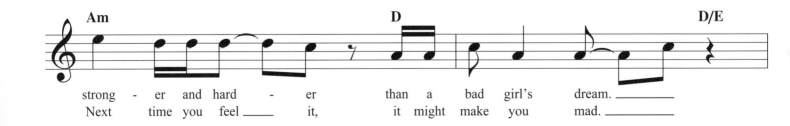

strong - er and hard - er than a bad girl's dream. ___
Next time you feel ___ it, it might make you mad. ___

Make a bad one good, mm, _____ make a wrong one right.
But you'll be glad, ba - by, when you've found

Pow - er of love _____ that keep you home at night.
that's the pow - er makes the world go 'round.

You don't need mon - ey, don't take fame.
And it don't take mon - ey, don't take fame.

Don't need no cred - it card _____ to ride this train. It's
Don't need no cred - it card _____ to ride this train. It's

strong _____ and it's sud - den and it's cruel some - times. _____ But it
strong _____ and it's sud - den. It can be cruel some - times. _____ But it

might just save _____ your life. That's the pow - er of love.
might just save _____ your

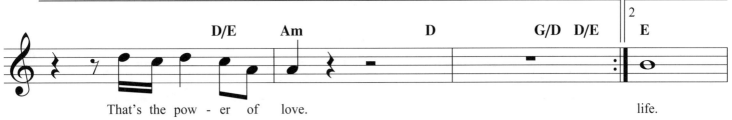

That's the pow - er of love.   life.

216

They say that all in love ___ is fair, ___ yeah, but

you don't care. ___ But you'll know what to do

when it gets hold of you. And with a lit - tle

help from a - bove, ___ you feel the pow - er of love.

You feel the pow - er of love. ___ Can you feel it?

Hmm. _____ It don't take mon - ey,

and it don't take fame. ___ Don't need no cred - it card ___ to

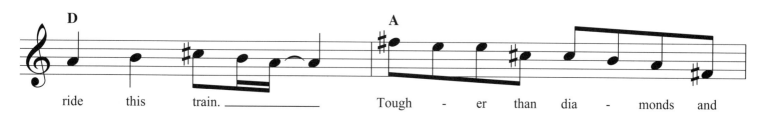

ride this train. _____ Tough - er than dia - monds and

strong - er than steel. __ But you won't feel noth - ing

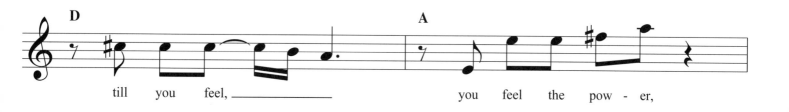

till you feel, _____ you feel the pow - er,

just feel the pow - er of love. ____ That's the pow - er,

that's the pow - er of love. __ You feel the pow - er of love. _

_____ You feel the pow - er of love. _____

Feel the pow - er of love. _____

RAINY DAYS AND MONDAYS

Lyrics by PAUL WILLIAMS
Music by ROGER NICHOLS

Moderately slow

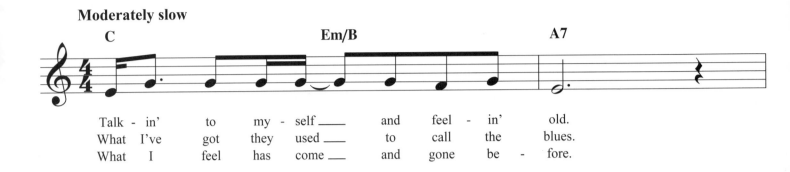

Talk - in'   to   my - self ____ and   feel - in'   old.
What   I've   got   they   used ____ to   call   the   blues.
What   I   feel   has   come ____ and   gone   be - fore.

Some-times   I'd   like   to   quit; ____   noth - ing   ev - er   seems   to   fit. ____
Noth - ing   is   real - ly   wrong; ___   feel - in'   like   I   don't   be - long. ____
No   need   to   talk   it   out; ____   we   know   what   it's   all   a - bout. ____

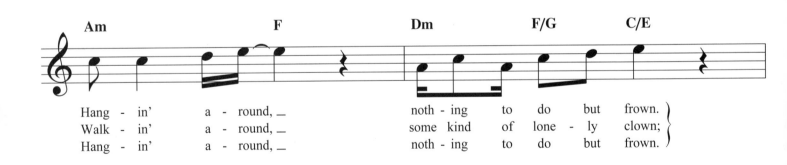

Hang - in'   a - round, ___   noth - ing   to   do   but   frown.
Walk - in'   a - round, ___   some   kind   of   lone - ly   clown;
Hang - in'   a - round, ___   noth - ing   to   do   but   frown.

Rain - y   days   and   Mon - days   al - ways   get   me ____   down. ____

2, 3

C/G   G   E7/G#   Am   F

_____ *Instrumental solo*

Fun - ny, but it seems ___ I al - ways

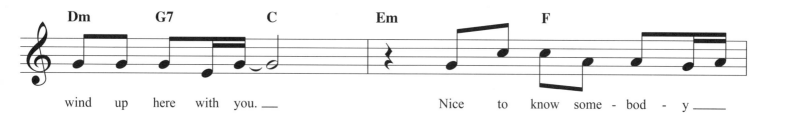

Dm   G7   C   Em   F

wind up here with you. ___ Nice to know some - bod - y ___

Dm   G7   E7/G#   Am   F

loves ___ me. *Solo ends* Fun - ny, but it seems ___ that it's the

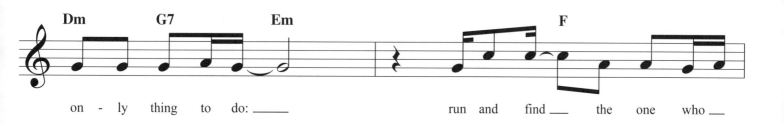

Dm   G7   Em   F

on - ly thing to do: ___ run and find ___ the one who ___

To Coda ⊕   **D.C. al Coda**

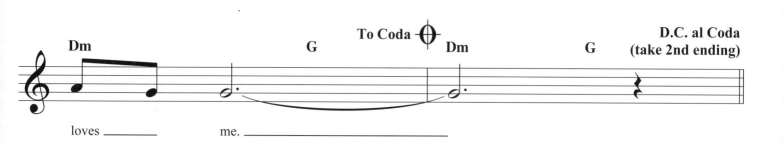

Dm   G   Dm   G **(take 2nd ending)**

loves ___ me. ___

CODA ⊕

G7   C   Em/B

___ What I feel has come and gone be -

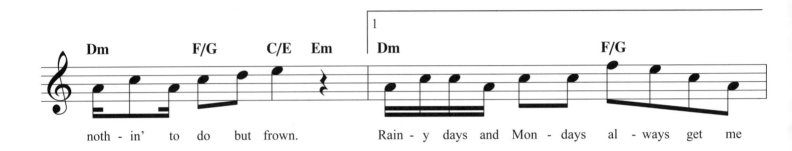

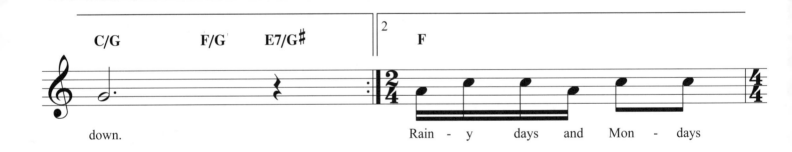

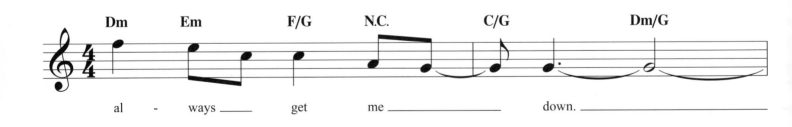

POUR SOME SUGAR ON ME

Words and Music by JOE ELLIOTT, PHIL COLLEN,
RICHARD SAVAGE, RICHARD ALLEN,
STEVE CLARK and R.J. LANGE

Sweet to taste; ___ (sac - cha - rine.) ___ 'Cause I'm hot, so hot, stick-y sweet, _ from my

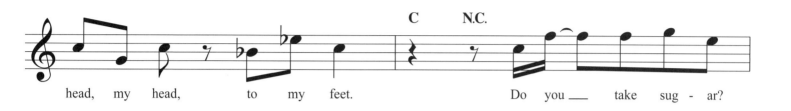

head, my head, to my feet. Do you ___ take sug - ar?

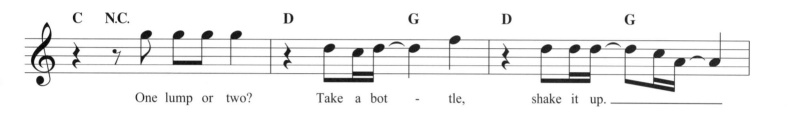

One lump or two? Take a bot - tle, shake it up. ___

Break the bub - ble; ___ break it up. ___

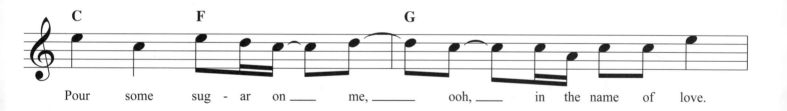

Pour some sug - ar on ___ me, ___ ooh, ___ in the name of love.

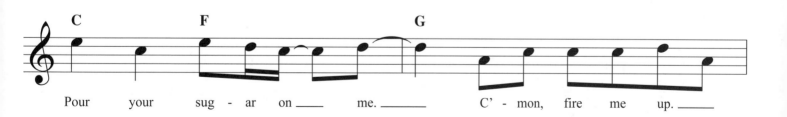

Pour your sug - ar on ___ me. ___ C' - mon, fire me up. ___

Pour some sug - ar on ___ me. ___ yeah, ___ sug - ar me. ___

SHE WILL BE LOVED

Words and Music by ADAM LEVINE
and JAMES VALENTINE

SHE WORKS HARD FOR THE MONEY

Words and Music by DONNA SUMMER
and MICHAEL OMARTIAN

Bright Rock

She works hard _____ for the mon-ey.   So hard _____ for it, hon-ey.

She works hard _____ for the mon-ey, so you bet-ter treat her right. _____

_____ She works hard _____ for the mon-ey.

So hard _____ for it, hon-ey.   She works hard _

To Coda

_____ for the mon-ey, so you bet-ter treat her right. _____

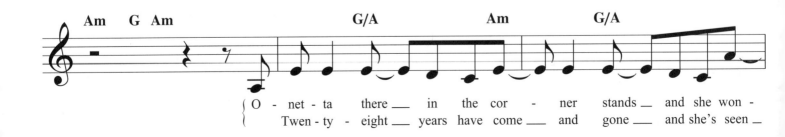

O - net - ta there _____ in the cor - ner stands _____ and she won-
Twen-ty - eight _____ years have come _____ and gone _____ and she's seen _

-ders where __ she is. ____ And it's strange __ to her ___ some
____ a lot ___ of tears. ____ Of the ones ___ who came in, they

peo - ple seem to have ev - 'ry - thing. _____
real - ly seem to need her there. _____ It's a

Nine A. M. ____ on the ho - ur hand ___ and she's wait -
sac - ri - fice ___ work - ing day ___ to day ___ for lit - tle

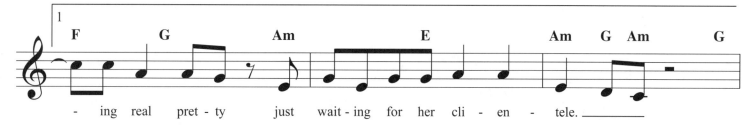

- ing for ___ the bell. ____ And she's look -
mon - ey just tips for pay. _____ But it's worth __

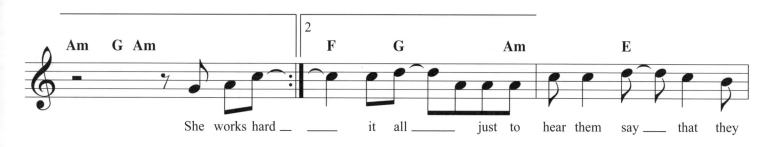

- ing real pret - ty just wait - ing for her cli - en - tele. _____

She works hard __ ____ it all _____ just to hear them say __ that they

care. ___   She works hard ____ for the mon - ey.

So hard ___ for it, hon - ey. She works hard ___

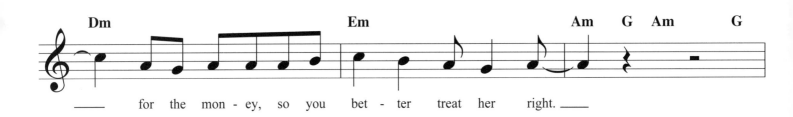

___ for the mon - ey, so you bet - ter treat her right. ___

She al - read - y knows ___ she's seen her bad ___

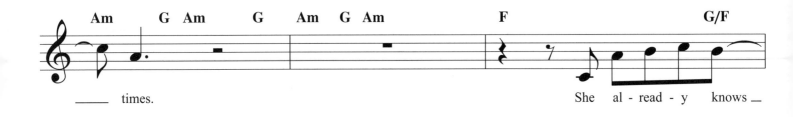

___ times. She al - read - y knows ___

these are the good times.

She'll nev - er sell out. ___ She nev - er will, ___ not for a dol -

- lar bill. She works hard ___

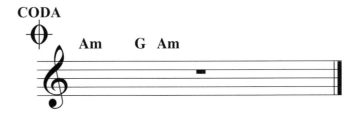

SHE DRIVES ME CRAZY

Words and Music by DAVID STEELE
and ROLAND GIFT

SHOW ME THE WAY

Words and Music by
PETER FRAMPTON

Moderately

I won-der how __ you're feel-ing. __   There's ring-ing in __ my ears, __
I can see __ no rea-son. __   You're liv-ing on __ your nerves __

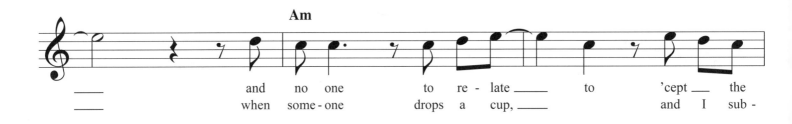

__   and no one to re-late __ to 'cept __ the
__   when some-one drops a cup, __ and I sub-

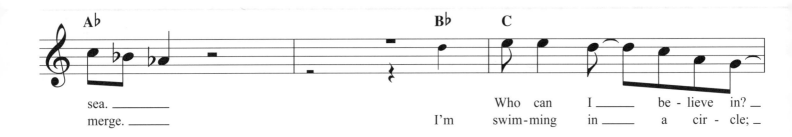

sea. __   Who can I __ be-lieve in?
merge. __   I'm swim-ming in __ a cir-cle;

__ I'm kneel-ing on __ the floor. __   There
__ I feel I'm go-ing down. __   There

has to be __ a force; who do __ I phone? __
has to be __ a fool to play __ my part. __

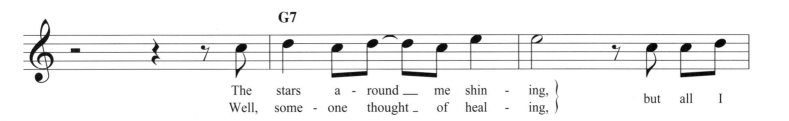

The stars a - round __ me shin - ing,
Well, some - one thought _ of heal - ing, } but all I

real - ly want __ to know: _____ Oh, won't you _____

show me the way, ev - 'ry day? _____ I want

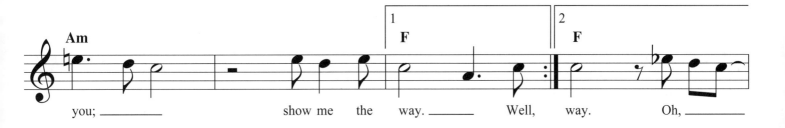

you; _____ show me the way. ____ Well, way. Oh, _____

_____ I want you _____ day af - ter day, _____

yeah. _____ I won - der if ___ I'm dream - ing. ____ I

feel so un - a - shamed; ___ I can't be - lieve __ this is hap -

pen - ing _____ to me. _____ I watch you when _ you're sleep -

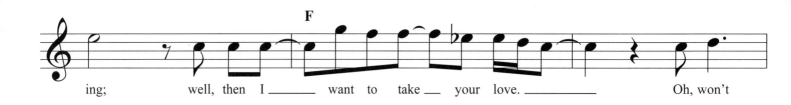

ing; well, then I _____ want to take _ your love. _____ Oh, won't

you _____ show me the way, ev - 'ry day? _

_____ I want you; _____ show me the

way. One more time! _____ I want you _____ day af - ter

day. _____ Yeah, I want you _____ day af - ter

day, _____ hey, _____ hey. _____

SMOOTH

Words by ROB THOMAS
Music by ROB THOMAS and ITAAL SHUR

Medium Latin Rock

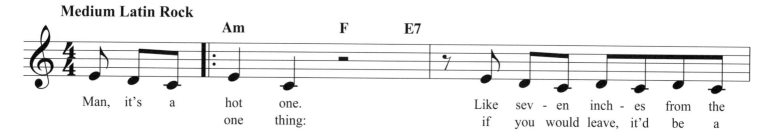

Man, it's a hot one.   Like sev - en inch - es from the
one thing: if you would leave, it'd be a

mid - day sun. _____   Well, I hear your whis - per and the
cry - ing shame. _____   In ev - 'ry breath and ev - 'ry

words   melt ev - 'ry - one.   But you stay so _____
word   I hear _____ your _____ name   call - ing me _____

_____ cool. _____   My Mu - ñe -
_____ out. _____   Out from the

qui - ta,   my Span - ish Har - lem Mo - na
bar - ri - o,   you hear my rhy - thm on your

Li - sa.   Well, you're my rea - son _____ for _____
ra - di - o.   You feel the turn - ing of the

Dm **Dm/B** **E/G#**

_____ rea - son, _____ the _____ step in
world so soft and slow; turn - ing me

Am **G** **F** **E7**

my groove. _____ And if you said ____
round and round. ____

Am **F** **E7**

_____ this life ain't good e - nough, I would give

Am **F** **E7**

my world to lift you up. I could change

Am **F** **E7**

my life to bet - ter suit _____ your _____ mood. _____

Dm **F/C** **Dm/B** **G7**

_____ 'cause you're so _____

F#7 **E**

_____ smooth. _____ And it's

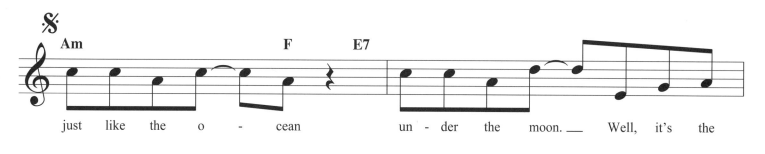

just like the o - cean un - der the moon. ___ Well, it's the

same as the e - mo - tion that I get from you. _____ You

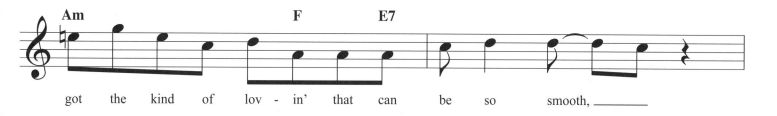

got the kind of lov - in' that can be so smooth, _____

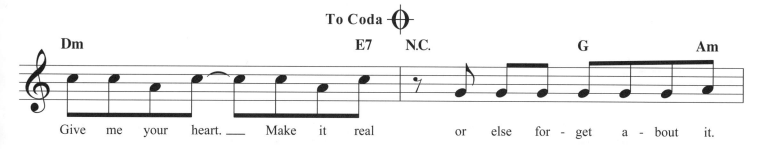

Give me your heart. __ Make it real or else for - get a - bout it.

(Instrumental)

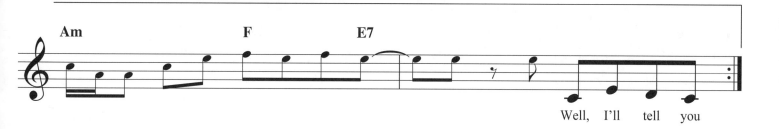

Well, I'll tell you

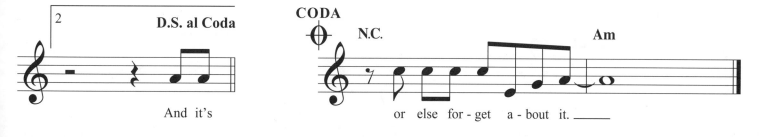

And it's or else for - get a - bout it. _____

SUMMER BREEZE

Words and Music by JAMES SEALS
and DASH CROFTS

Moderately

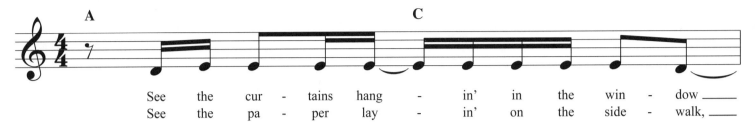

See the cur - tains hang - in' in the win - dow ____
See the pa - per lay - in' on the side - walk, ____

____ in the eve - ning on a Fri - day night. ____
____ a lit - tle mu - sic from the house next door. ____

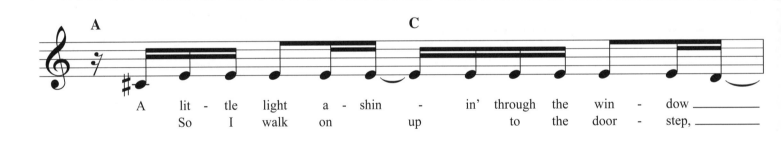

A lit - tle light a - shin - in' through the win - dow ____
So I walk on up to the door - step, ____

____ lets me know ev - 'ry - thing's al - right. ____
____ through the screen and a - cross the floor. ____

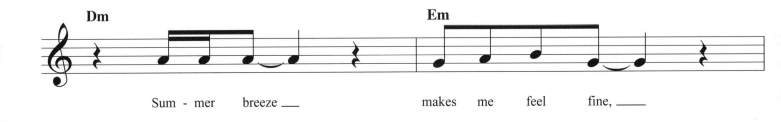

Sum - mer breeze ____ makes me feel fine, ____

blow - in' through the jas - mine in my mind. _____

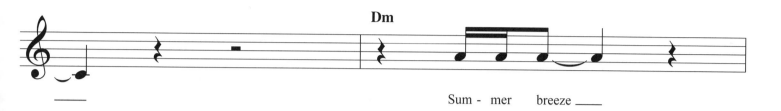

_____ Sum - mer breeze _____

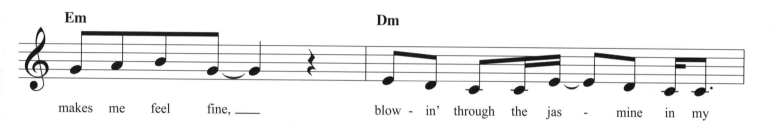

makes me feel fine, _____ blow - in' through the jas - mine in my

mind. _____ *(Instrumental)*

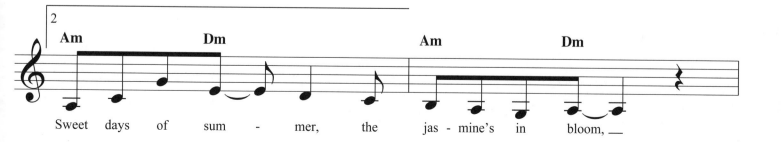

Sweet days of sum - mer, the jas - mine's in bloom, __

Ju - ly is dressed __ up and play - ing her tune. __ When I come

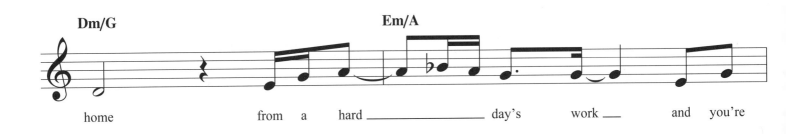

home from a hard _____ day's work __ and you're

wait - in' there, __ not a care _____ in the world. __

_____ See the smile a - wait - in' in the kitch - en,

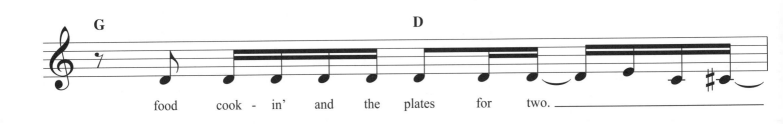

food cook - in' and the plates for two. _____

_____ Feel the arms that reach __ out to hold __ me __

in the eve - ning when the day is through. _____

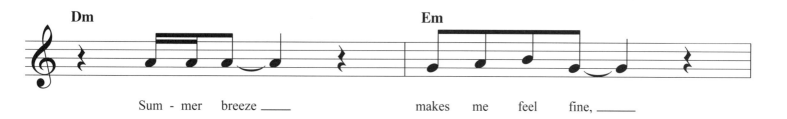

Sum - mer breeze _____ makes me feel fine, _____

blow - in' through the jas - mine in my mind. _____

_____ Sum - mer breeze _____ makes me feel fine, _____

blow - in' through the jas - mine in my mind. _____

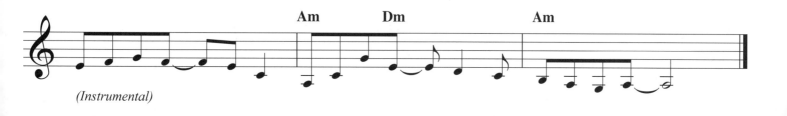

(Instrumental)

SUMMER OF '69

Words and Music by BRYAN ADAMS
and JIM VALLANCE

Bright Rock

I got my first real six - string; — bought — it at the

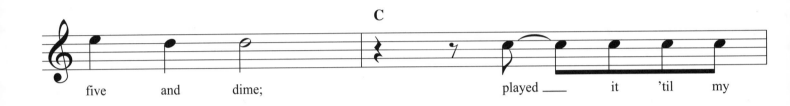

five and dime; played — it 'til my

fin - gers — bled; was the sum - mer of six - ty - nine.

Me — and some guys from school
Ain't — no use in com - plain - in' —
And — now the times are chang - in'; —

had a band and we tried real hard.   Jim - my quit and
when you got a — job to do.   Spend my eve - nin's down —
look at ev - 'ry - thing that's come and gone.   Some - times when I

Jo - dy got mar - ried; ___ I should - a known we'd nev - er get far.
___ at the drive - in, ___ and that's when I ___ met you.
play that old six - string, ___ I think a - bout you, won - der what ___ went wrong.

Oh, when I look back now, ___ that sum - mer seemed to
Stand - in' on your ma - ma's porch, ___ you told ___ me that you'd
Stand - in' on your ma - ma's porch, ___ you told ___ me that it'd

last for - ev - er, and ___ if I had the choice, ___
wait for - ev - er. Oh, ___ and when you held my hand, ___
last for - ev - er. Oh, ___ and when you held my hand, ___

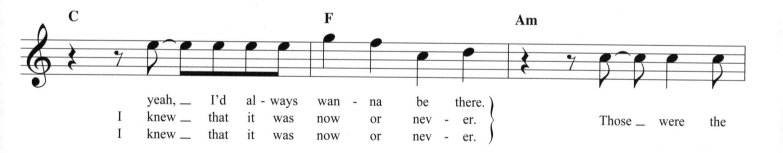

yeah, ___ I'd al - ways wan - na be there.
I knew ___ that it was now or nev - er.
I knew ___ that it was now or nev - er.

Those ___ were the

best days of my ___ life.

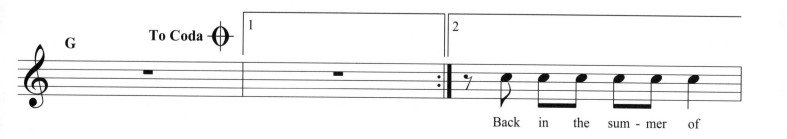

Back in the sum - mer of

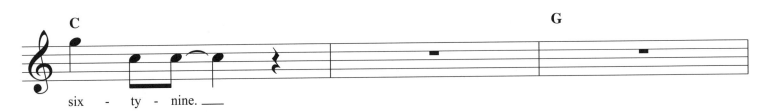

six - ty - nine. ___

Man, ___ we were kill - in' time, ___ we were

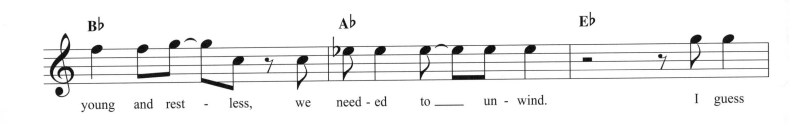

young and rest - less, we need - ed to ___ un - wind. I guess

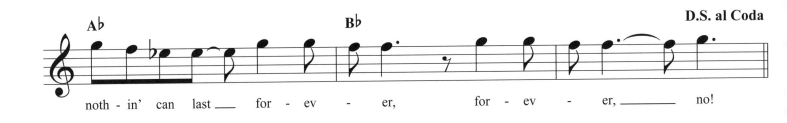

D.S. al Coda

noth - in' can last ___ for - ev - er, for - ev - er, ___ no!

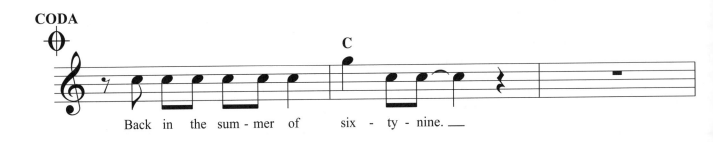

CODA

Back in the sum - mer of six - ty - nine. ___

It was the sum - mer of six - ty - nine. ___

THESE DREAMS

Words and Music by MARTIN GEORGE PAGE
and BERNIE TAUPIN

Rock Ballad

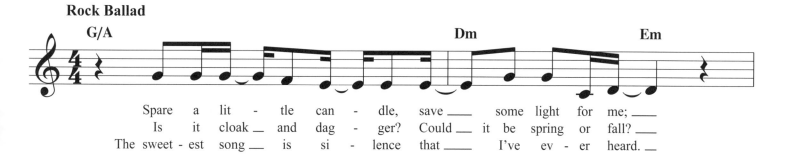

Spare a lit - tle can - dle, save ____ some light for me; ____
Is it cloak ____ and dag - ger? Could ____ it be spring or fall? ____
The sweet - est song ____ is si - lence that ____ I've ev - er heard. ____

fig - ures up ____ a - head ____ mov - ing in ____ the trees. ____ White
I walk with - out ____ a cut ____ through ___ a stained glass wall. ____ In a
Fun - ny how ____ your feet ____ in dreams ___ nev - er touch ___ the earth. ____

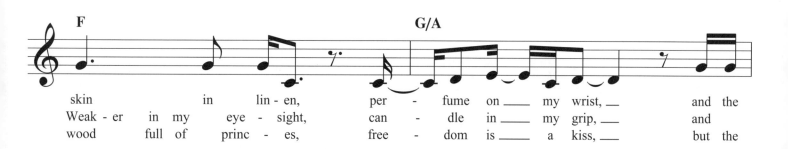

skin in lin - en, per - fume on ____ my wrist, ____ and the
Weak - er in my eye - sight, can - dle in ____ my grip, ____ and
wood full of princ - es, free - dom is ____ a kiss, ___ but the

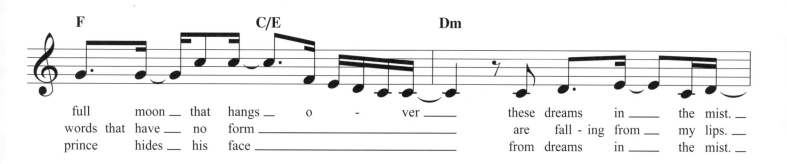

full moon ____ that hangs ____ o - ver ____ these dreams in ____ the mist. ____
words that have ____ no form ____ are fall - ing from ____ my lips.
prince hides ____ his face ____ from dreams in ____ the mist. ____

These dreams go on ___ when I close my eyes. ___ Ev-'ry sec-

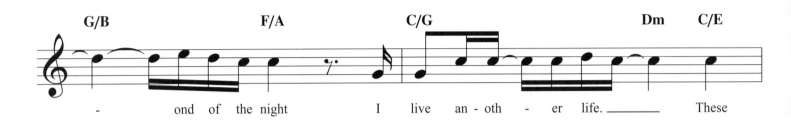

-ond of the night I live an-oth - er life. ___ These

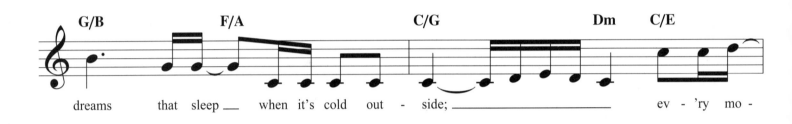

dreams that sleep ___ when it's cold out - side; ___ ev - 'ry mo -

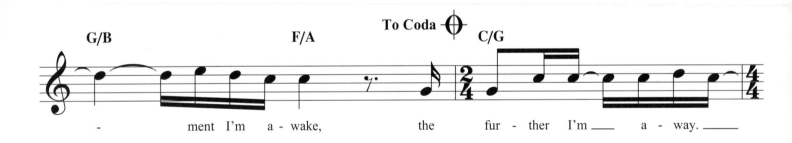

-ment I'm a-wake, the fur - ther I'm ___ a - way. ___

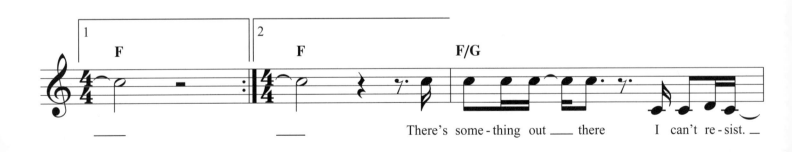

There's some-thing out ___ there I can't re-sist. ___

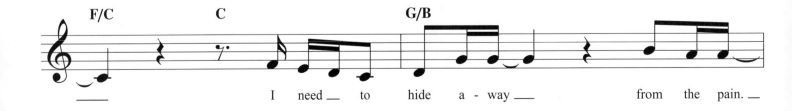

I need ___ to hide a - way ___ from the pain. ___

There's some-thing out ___ there I can't ___ re - sist. ___

D.C. al Coda

CODA

___ fur - ther I'm ___ a - way. ___ These

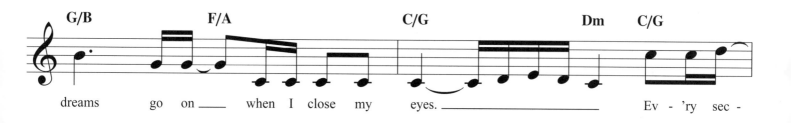

dreams go on ___ when I close my eyes. ___ Ev - 'ry sec -

- ond of the night I live an - oth - er life. ___ These

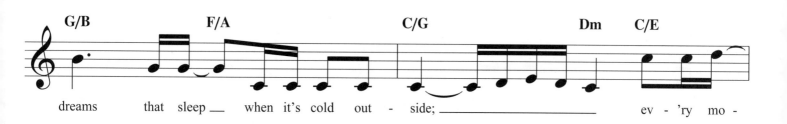

dreams that sleep ___ when it's cold out - side; ___ ev - 'ry mo -

- ment I'm a - wake, the fur - ther I'm ___ a - way. ___

SWEET DREAMS
(Are Made of This)

Words and Music by ANNIE LENNOX
and DAVID STEWART

Moderately

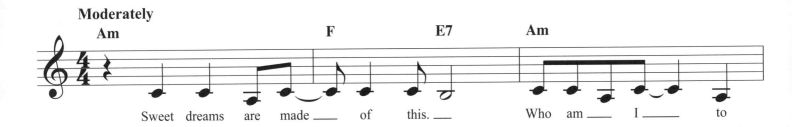

Sweet dreams are made ___ of this. ___ Who am ___ I ___ to

dis - a - gree? ___ I trav - el the world ___ and the sev - en seas; ___

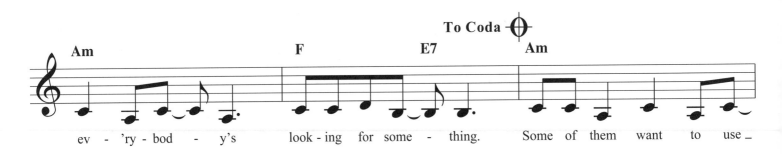

To Coda

ev - 'ry - bod - y's look - ing for some - thing. Some of them want to use ___

___ you. Some of them want to get used ___ by you. ___

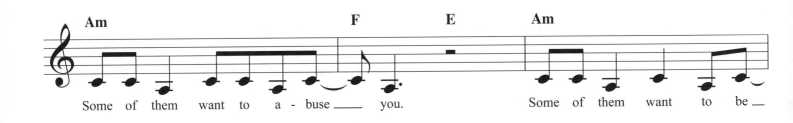

Some of them want to a - buse ___ you. Some of them want to be

___ a - bused. ___ Sweet dreams are made of this. ___

Who am ___ I ___ to dis - a - gree? _ I trav - el the world _ and the

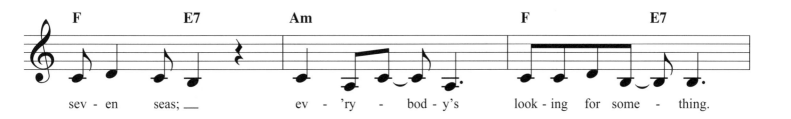

sev - en seas; ___ ev - 'ry - bod - y's look - ing for some - thing.

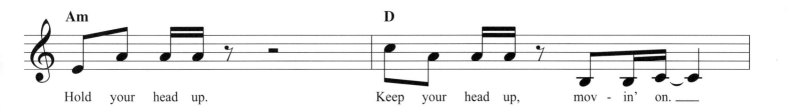

Hold your head up. Keep your head up, mov - in' on. ___

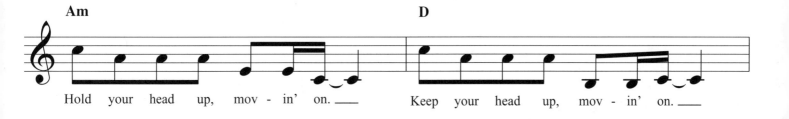

Hold your head up, mov - in' on. ___ Keep your head up, mov - in' on. ___

Hold your head up, mov - in' on. ___ Keep your head up, mov - in' on. ___

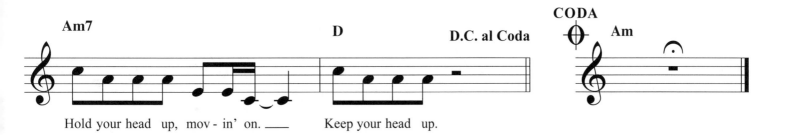

Hold your head up, mov - in' on. ___ Keep your head up.

TIME AFTER TIME

Words and Music by CYNDI LAUPER
and ROB HYMAN

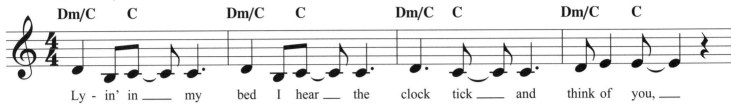

Ly - in' in my bed I hear the clock tick and think of you,

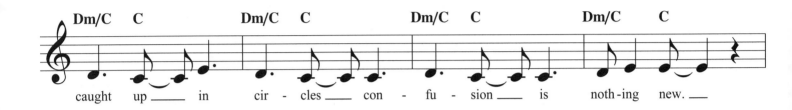

caught up in cir - cles con - fu - sion is noth-ing new.

Flash back warm nights, al - most left be - hind.

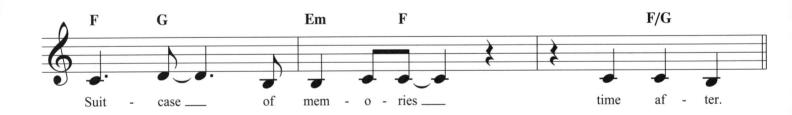

Suit - case of mem - o - ries time af - ter.

Some - times you pic - ture me. I'm walk - ing too far a - head.
Af - ter my pic - ture fades and dark - ness has turned to gray,

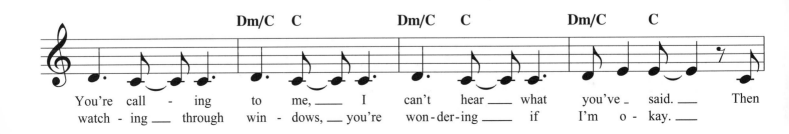

You're call - ing to me, I can't hear what you've said. Then
watch - ing through win - dows, you're won - der - ing if I'm o - kay.

UPTOWN GIRL

Words and Music by
BILLY JOEL

Moderately fast

Ah, _____ ah. _____

Up - town girl, she's been liv - ing in her up - town ___ world.

I bet she nev - er had a back - street guy. I bet her ma - ma nev - er

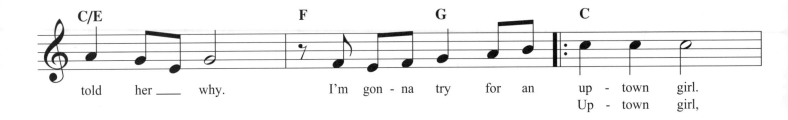

told her ___ why. I'm gon - na try for an up - town girl.
Up - town girl,

She's been liv - ing in her white bread ___ world as long as an - y - one with
you know I can't af - ford to buy her ___ pearls. But may - be some - day when my

hot blood can. _____ And now she's look - ing for a down - town ___ man;
ship comes in, _____ she'll un - der - stand what kind of guy I've ___ been

that's what I am. And when she knows what she wants from her
and then I'll win. And when she's walk - ing she's look - ing so

WE BUILT THIS CITY

Words and Music by BERNIE TAUPIN,
MARTIN PAGE, DENNIS LAMBERT
and PETER WOLF

Medium Rock

We built this cit-y, we built this cit-y on

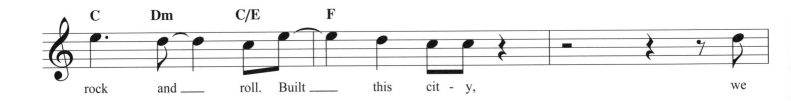

rock and ___ roll. Built ___ this cit-y, we

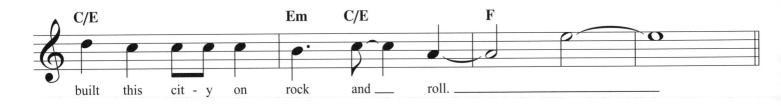

built this cit-y on rock and ___ roll. _____

(Instrumental)

Say ___ you don't know me or rec -
Some - one al - ways play - ing cor -
___ counts the mon - ey un -

- og - nize my face. Say ___ you don't care who goes ___
- por - a - tion games. Who ___ cares, they're al - ways chang -
- der - neath the bar? Who rides the wreck - ing ball ___

USE SOMEBODY

Words and Music by CALEB FOLLOWILL,
NATHAN FOLLOWILL, JARED FOLLOWILL
and MATTHEW FOLLOWILL

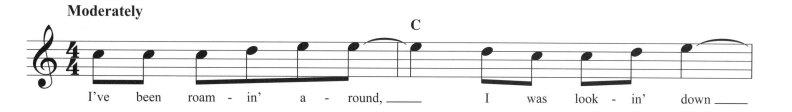

I've been roam-in' a - round, _____ I was look-in' down _____

_____ at all _____ I see. _____ Paint-ed fac-

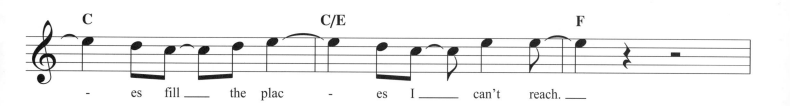

- es fill _____ the plac - es I _____ can't reach. _____

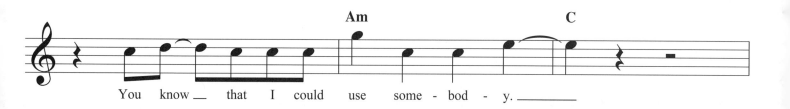

You know _____ that I could use some-bod-y. _____

You know _____ that I could use some-bod-y. _____

_____ Some-one _____ like you _____

WHATEVER GETS YOU THROUGH THE NIGHT

Words and Music by
JOHN LENNON

Hold me dar - lin', come on

lis - ten to _____ me. I won't do _____ you no harm.

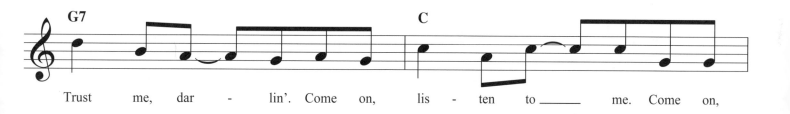

Trust me, dar - lin'. Come on, lis - ten to _____ me. Come on,

lis - ten to _____ me. Come on, lis - ten, lis - ten.

(Instrumental)

What - ev - er gets you to the

WHO CAN IT BE NOW?

Words and Music by
COLIN HAY

G　　**Am**

I'll on - ly run and hide.
those feel - ings a - gain. } Who can it be ____ now? _____
Instrumental ends }

C/G　　　　　　　　**Am**

Who can it be ____ now? _____　　Who can it be ____ now? ____

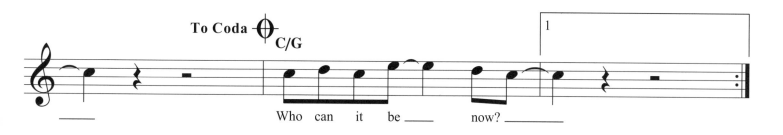

To Coda ⊕ **C/G**　　　　　　　　　　　　　1

____　　Who can it be ____ now? _____

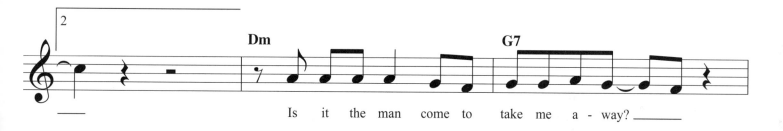

2　　　　　　　**Dm**　　　　　　**G7**

____　　Is it the man come to take me a - way? _____

Dm　　　　　　**C**　　　　　　**Dm**

Why do they fol - low me? _____　　It's not the fu - ture that

G7　　　　　　**Dm**　　　　**C**　**G7**

I can see, ____　　it's just my fan - ta - sy.

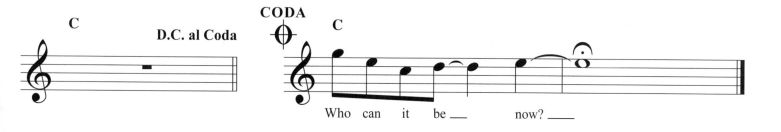

C　　**D.C. al Coda**　　**CODA** ⊕ **C**

Who can it be ____ now? ____

WHY CAN'T THIS BE LOVE

Words and Music by EDWARD VAN HALEN,
ALEX VAN HALEN, MICHAEL ANTHONY
and SAMMY HAGAR

Bright Rock

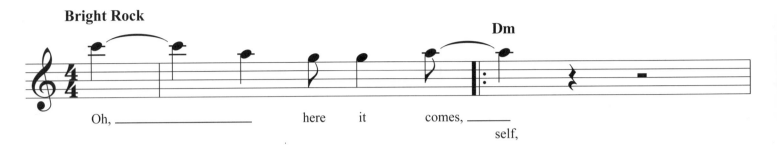

Oh, _____ here it comes, _____ self,

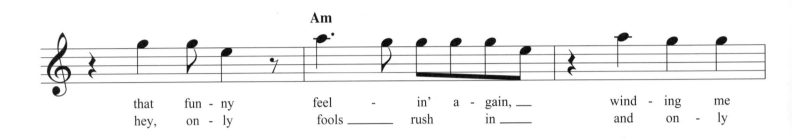

that fun-ny feel-in' a-gain, __ wind-ing me
hey, on-ly fools _____ rush in __ and on-ly

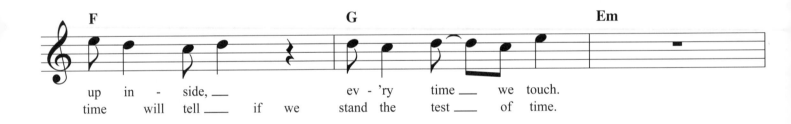

up in-side, __ ev-'ry time __ we touch.
time will tell __ if we stand the test __ of time.

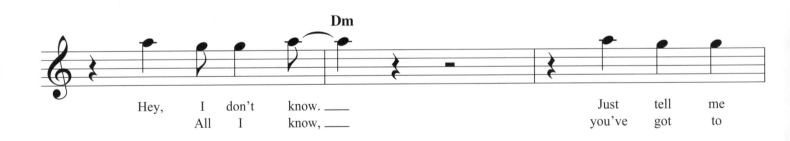

Hey, I don't know. __ Just tell me
All I know, __ you've got to

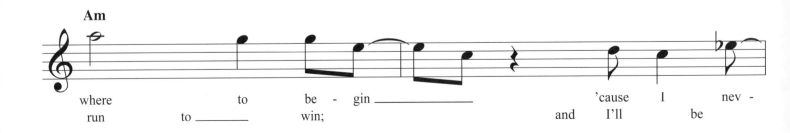

where to be-gin _____ 'cause I nev-
run to _____ win; and I'll be

F

- er ev - er   felt   so _____   much. _____
damned if I'll _____ get   hung up   on _____ the   line. _____

Em   Bb

_____   No,   I
_____   No,   I

F

can't re - call _____   an - y   love   at   all. _____ }
can't re - call _____   an - y -   thing   at   all. _____ }

Eb   F   G

Ah,   ba - by, this   blows 'em   all _____   a - way. _____

𝄋 C   Am

It's   got   what   it   takes.

C   F   G

So   tell   me: why _____   can't   this   be _____   love? _____

C   Am

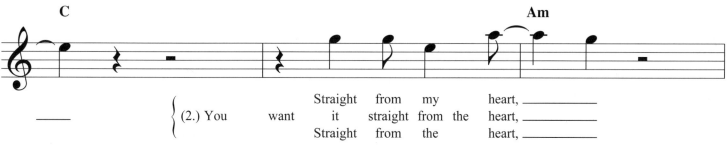

_____   { (2.) You   want   it   straight from the   heart, _____
                     Straight from   my   heart, _____
                     Straight from   the   heart, _____

264

WITH OR WITHOUT YOU

Words and Music by
U2

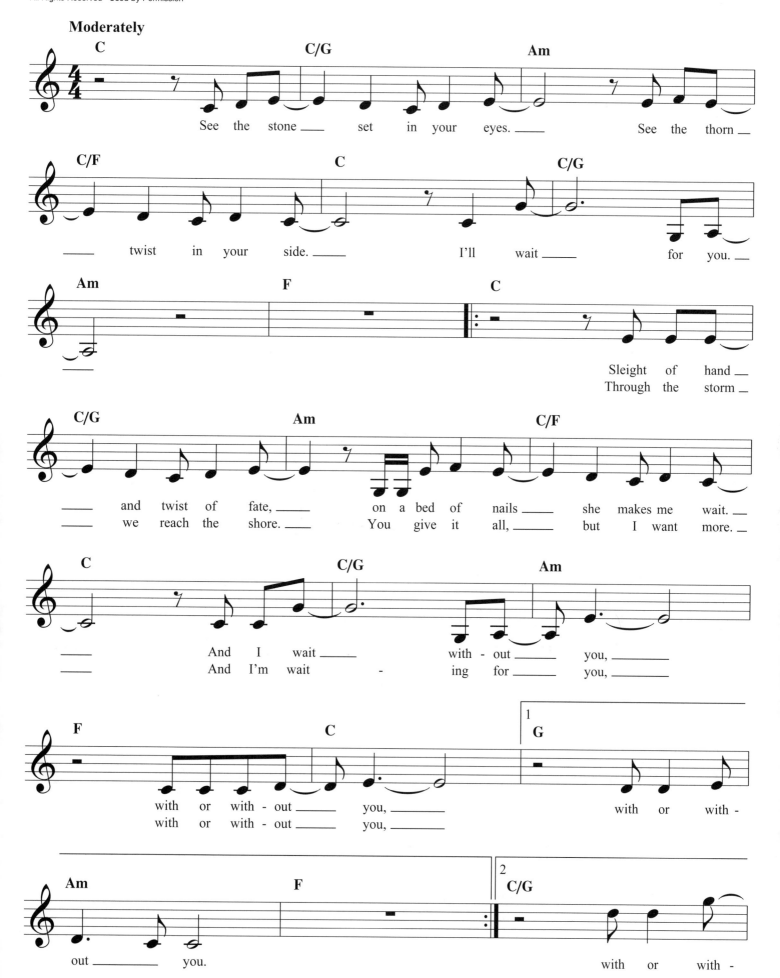

267

YOU REALLY GOT ME

Words and Music by
RAY DAVIES

WONDERWALL

Words and Music by
NOEL GALLAGHER

Moderately

To - day is gon - na be the day that they're gon - na throw it back to you.

By now you should-'ve some - how re - al - ized what you got - ta do.

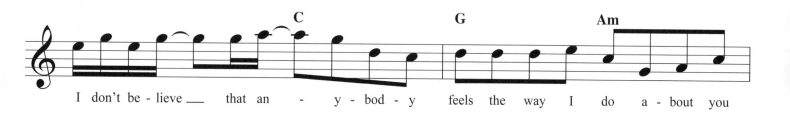

I don't be - lieve ___ that an - y - bod - y feels the way I do a - bout you now. ___

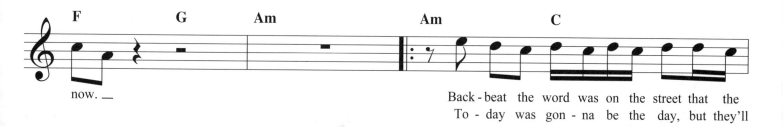

Back - beat the word was on the street that the
To - day was gon - na be the day, but they'll

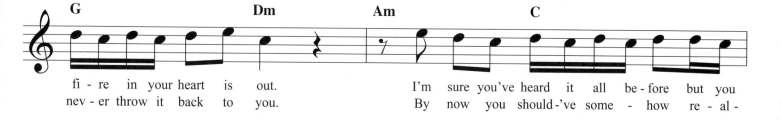

fi - re in your heart is out.
nev - er throw it back to you.
I'm sure you've heard it all be - fore but you
By now you should-'ve some - how re - al -

nev - er real - ly had a doubt.
ized what you're not to do.
I don't be - lieve ___ that an - y - bod - y

feels the way I do a - bout you now. __ { And / { And

all the roads we have to walk are wind - ing, and
all the roads that lead you there were wind - ing, and

all the lights that lead us there are blind - ing. }
all the lights that light the way are blind - ing. }

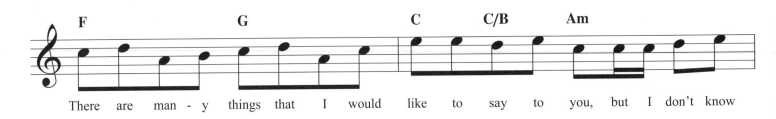

There are man - y things that I would like to say to you, but I don't know

how. __ { Be - cause } may - be __
{ I said }

you're gon - na be the one that saves me; __

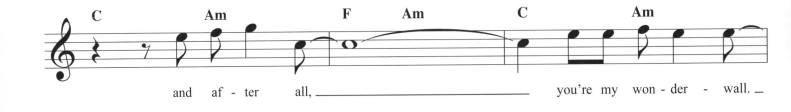

and af - ter all, __ you're my won - der - wall. __

CHORD SPELLER

C chords

C	C–E–G
Cm	C–E♭–G
C7	C–E–G–B♭
Cdim	C–E♭–G♭
C+	C–E–G♯

C♯ or D♭ chords

C♯	C♯–F–G♯
C♯m	C♯–E–G♯
C♯7	C♯–F– G♯–B
C♯dim	C♯–E–G
C♯+	C♯–F–A

D chords

D	D–F♯–A
Dm	D–F–A
D7	D–F♯–A–C
Ddim	D–F–A♭
D+	D–F♯–A♯

E♭ chords

E♭	E♭–G–B♭
E♭m	E♭–G♭–B♭
E♭7	E♭–G–B♭–D♭
E♭dim	E♭–G♭–A
E♭+	E♭–G–B

E chords

E	E–G♯–B
Em	E–G–B
E7	E–G♯–B–D
Edim	E–G–B♭
E+	E–G♯–C

F chords

F	F–A–C
Fm	F–A♭–C
F7	F–A–C–E♭
Fdim	F–A♭–B
F+	F–A–C♯

F♯ or G♭ chords

F♯	F♯–A♯–C♯
F♯m	F♯–A–C♯
F♯7	F♯–A♯–C♯–E
F♯dim	F♯–A–C
F♯+	F♯–A♯–D

G chords

G	G–B–D
Gm	G–B♭–D
G7	G–B–D–F
Gdim	G–B♭–D♭
G+	G–B–D♯

G♯ or A♭ chords

A♭	A♭–C–E♭
A♭m	A♭–B–E♭
A♭7	A♭–C–E♭–G♭
A♭dim	A♭–B–D
A♭+	A♭–C–E

A chords

A	A–C♯–E
Am	A–C–E
A7	A–C♯–E–G
Adim	A–C–E♭
A+	A–C♯–F

B♭ chords

B♭	B♭–D–F
B♭m	B♭–D♭–F
B♭7	B♭–D–F–A♭
B♭dim	B♭–D♭–E
B♭+	B♭–D–F♯

B chords

B	B–D♯–F♯
Bm	B–D–F♯
B7	B–D♯–F♯–A
Bdim	B–D–F
B+	B–D♯–G

Important Note: A slash chord (C/E, G/B) tells you that a certain bass note is to be played under a particular harmony. In the case of C/E, the chord is C and the bass note is E.